André Luiz Ruiz

Jesus no Teu Caminho

pelo Espírito Públio

Capa:
Eduardo Pasqualle Damiano
Solange S. R. Godoy

Ilustrações de G. Doré

1ª edição – 10.000 exemplares – abril/2003

INSTITUTO DE DIFUSÃO ESPÍRITA
Av. Otto Barreto, 1067 - Caixa Postal 110
CEP 13602-970 - Araras - SP - Brasil
Fone (19) 3541-0077 - Fax (19) 3541-0966
C.G.C. (MF) 44.220.101/0001-43
Inscrição Estadual 182.010.405.118

IDE EDITORA É APENAS UM NOME FANTASIA UTILIZADO PELO INSTITUTO DE DIFUSÃO ESPÍRITA, O QUAL DETÉM OS DIREITOS AUTORAIS DESTA OBRA.

www.ide.org.br
e-mail: info@ide.org.br

Ficha Catalográfica

(Preparada na Editora)

Ruiz, André Luiz de Andrade, 1962-

R884j *Jesus no teu caminho* / André Luiz de Andrade Ruiz / Públio (Espírito). Araras, SP, 1ª edição, IDE, 2003.

192 p.

ISBN 85-7341-300-X

1. Espiritismo 2. Psicografia-Mensagens I.Públio. II. Título.

CDD-133.9
-133.91

Índices para catálogo sistemático:

1. Espiritismo 133.9
2. Psicografia: Mensagens: Espiritismo 133.91

Índice

ALGUÉM NA ESTRADA

Alguém te espera o amor, estrada afora,
Seja o dia translúcido ou cinzento,
Para extinguir a sombra e o sofrimento,
Nas empedradas trilhas de quem chora!...

Não te detenhas!... Vem!... O tempo é agora,
Há quem se arrase ao temporal violento,
E corações ao frio, à noite e ao vento
Ante a descrença que se desarvora...

Vem à estrada do mundo!... Ampara e ama!...
Esclarece e consola, alça por chama,
O próprio coração fraterno e amigo!...

Esse alguém é Jesus, que te abençoa!...
Trabalha, serve, esquece-te, perdoa
E o Mestre Amado seguirá contigo!...

Auta de Souza

(Soneto recebido pelo médium Francisco Cândido Xavier, em reunião pública da Fundação Marietta Gaio, na noite de 30 de outubro de 1974, na cidade do Rio de Janeiro, RJ).

PRÓLOGO

Multiplicam-se os embaixadores celestes na retomada das vestes carnais, no esforço soberano de encaminhamento da humanidade para rumos mais elevados, enfrentando todos os percalços que a nova reencarnação impõe aos abnegados carteiros de Deus.

E na era da cibernética e da robótica, pode-se indagar o motivo pelo qual mais uma obra se inicia, pelos velhos mecanismos da tinta e do papel.

Em verdade, em quase nada se alterou o panorama real da humanidade, além das máquinas modernas que confundem o pensamento dos menos ágeis no avanço tecnológico.

Há muitos modelos de automóveis, de todos os tipos, formas e preços, mas nenhum deles dispensou o velho sistema das quatro rodas sobre as quais se apóiam no trajeto.

Há uma infinidade de medicamentos sempre mais e mais modernos na tentativa de vencer inúmeras enfermidades e, no entanto, segue a mesma velha e intransigente dor de cabeça desafiando todos os títulos e marcas das prateleiras das farmácias.

A moderna computação aperfeiçoou os impulsos da comunicação, mas as mais modernas impressoras ainda dependem do obsoleto pedaço de papel para dar sentido a todos estes aperfeiçoamentos.

As modernas distrações erguidas à fonte de lazer e deleite para o espírito atribulado buscam estimular as mesmas emoções que o antigo movietone ou a ultrapassada lanterna mágica entretinham.

E se o homem não questiona o volume de variações sobre o mesmo tema para as coisas do seu dia-a-dia, por que tal questionamento deveria ser considerado como obstáculo intransponível para que não se buscassem meios de se proclamar ao ser humano as mesmas e velhas belezas da alma?

Os mais puristas, os mesmos a quem Jesus advertia por coarem um mosquito e engolirem um camelo, certamente verão inexistirem razões para outra obra de elevação do Espírito, depois de tantas que já vieram a lume.

São os mesmos que acham normal que, a cada ano, um modelo de automóvel seja apresentado como coisa nova, sem deixar de ser, no fundo, a mesma carcaça de ferro e motor de todas as épocas.

A mensagem do Bem não se preocupa com todas as críticas, por saber serem elas, as de boa fé, úteis à consolidação da verdade. E as que forem de má fé, em si mesmas trarão o caráter que as vai modificar um dia.

E, no final de tudo, ninguém se espanta pelo volume de remédios que prometem curar a velha dor de cabeça. Espantamo-nos todos por percebermos que, apesar de todos os remédios, eis aí a dor a desafiar todos os medicamentos.

Que nestas páginas, escritas na modéstia de alguém que pretende, tão só, contribuir para o alívio do sofrimento, a criatura amiga possa encontrar o necessário refrigério para seus tormentos íntimos, lembrando-se de que aquele, que nos envia, apesar de não possuir máquinas de última geração nem programas de padrão sofisticado, mantém-se conectado ao seu Espírito, para que as suas mensagens possam ser estampadas na tela de sua alma e reproduzidas pela impressora de seu coração.

E quando todas as linhas e servidores estão ocupados, no congestionamento do mundo virtual dos muitos que têm pressa em falar, não nos esqueçamos de que, modesta carta no velho e barato pedaço de papel, devidamente encartada no tradicional envelope e singelamente validada com o selo que lhe corresponda ao valor, pode demorar um pouco mais, mas, da mesma forma chega ao seu destino.

Que a bondade do Divino Mestre nos inspire a todos, na jornada que se inicia e que sejam para Jesus todos os nossos gestos de gratidão e fidelidade, sempre.

"H"

Campinas, 17/03/2002

PALAVRAS INICIAIS

Prezado leitor, não temos a pretensão de realizar obra de cunho psicológico para estudos da mente ou do comportamento com base científica.

Para tanto, há doutores e mestres capacitados para esse aprofundamento.

Temos somente o desejo de produzir modestas reflexões sobre os problemas da vida, com o desejo sincero de que você possa se lembrar de que Jesus tinha, ao seu tempo tanto quanto hoje, uma solução generosa para todos os problemas, uma palavra de orientação e a mão sempre estendida.

Mais do que produzir estudos da psique, desejamos que as palavras aqui direcionadas ao seu pensamento possam chegar ao seu coração, na modificação dos padrões do sentimento e das condutas usuais, única maneira de combatermos os efeitos trágicos da emoção abatida, do medo de viver, da angústia, da solidão, entre outros.

Por isso, apresentamos este trabalho, considerando que será mais uma pequenina porta pela qual a

Luz do Divino Amigo de todos nós poderá iluminar nossos passos a fim de que tenhamos a certeza de pisarmos firmes a estrada por onde passamos.

Daí porque lembramos que o Mestre está atuante, em toda a sua trajetória.

Que a Esperança no futuro e a Força no presente possam ser as dádivas de Deus que chegam à sua alma através destas palavras, no combate aos Erros do passado.

Com gratidão e respeito,

Públio

Campinas, 03/10/2002

1

O QUE É FÁCIL E O QUE É DIFÍCIL

É fácil resolver os problemas dos outros.
Difícil é encarar os nossos...

É fácil educar os filhos alheios.
Difícil é pôr os nossos na linha.

É fácil administrar o dinheiro dos demais.
Difícil é equilibrar o nosso orçamento.

É fácil dizer aos outros como proceder.
Difícil é escutar o que estamos dizendo e fazermos a mesma coisa em nós.

É difícil aceitar os erros alheios.
Fácil é justificar as nossas quedas.

É difícil tolerar as manias dos outros.

Fácil é seguirmos exercitando as nossas manias.

É difícil escutar os lamentos de nossos semelhantes.

Fácil é esperar que nossas reclamações sejam ouvidas por todos.

É fácil pagar nossas contas com o dinheiro dos outros.

Difícil é abrir o nosso bolso para amparar os semelhantes em suas necessidades.

É fácil apontar a felicidade na casa do vizinho, invejando sua posição.

Difícil é perceber a felicidade que já existe em nosso caminho, perto de nós.

É fácil entregarmos a roupa que não presta mais e dar-lhe o destino da caridade.

Difícil é doarmos a veste em boas condições que ainda nos poderia servir por mais tempo.

É fácil dizer aos que têm fome para que batam na porta do outro.

Difícil é abrir a própria porta para dar de comer ao faminto.

É fácil dizer que as pessoas estão violentas e agressivas.

Difícil é calar o palavrão e a gritaria na hora da irritação pessoal.

É fácil reclamar da malta de ladrões e usurpadores do dinheiro público.

Difícil é pagar o imposto devido ou recusar o lucro excessivo em algum negócio.

É fácil falar mal dos corruptos e desonestos.

Difícil é não oferecer o cafezinho para o guarda tentando se livrar da multa.

É fácil dizer que o mundo é egoísta, indiferente e mau.

Difícil é viver no rumo que nos pede esforço no bem para reformarmos o mundo.

Por isso é que, parafraseando o que Jesus ensina em Lucas, 6, 41, podemos repetir:

É fácil ver o cisco no olho de teu irmão.

Difícil é ver a trave que está no teu próprio olho.

2

SOLIDÃO

Dizem ser esta a pior e mais contraditória enfermidade da emoção, nos tempos modernos. Cercado de pessoas nos problemas da superpopulação, o Homem se descobre isolado em si mesmo, padecendo de solidão.

No entanto, desde que os fenômenos da consciência se ergueram como cenário para a atual jornada evolutiva e, a partir do momento em que o Homem atingiu o seu estágio de lucidez, deixando os limites da selva em busca do desenvolvimento das emoções, tal problemática o acompanha.

Lembremo-nos que, em alguns de seus aspectos, a solidão é conseqüência direta do egoísmo. Levado a isolar-se, no afastamento natural e espontâneo dos demais por acreditar proteger-se e preservar suas conquistas transitórias, descobre-se o Ser Humano invejado pelos outros e, por isso, teme que estes estejam à espreita para surrupiar-lhe o tesouro material, social ou emocional.

Isolando-se, isola-se e se contamina com as amargas conseqüências de não se sentir sinceramente querido.

Eis a solidão do solitário que demoliu todas as pontes que poderiam trazer-lhe companhia e que, agora, por isso lamenta-se, ilhado em seu próprio penhasco.

Enquanto culpar os outros e não reconstruir as ligações com os demais, permanecerá nesse estado íntimo.

Outras circunstâncias, no entanto, podem também causar esse sentimento de abandono ou isolamento.

A desencarnação do ser amado, a ausência de companheirismo, os problemas que parecem grandes demais e que não contam com a ajuda de ninguém, a solidão física, a ausência de outro coração com o qual dividir-se, a falta de compreensão alheia, etc.

Tais sensações se agravam quando o solitário se compara a outras criaturas à sua volta. Presenciar gestos de carinho entre outras pessoas que se amam ou parecem se corresponder produz um aperto íntimo e uma pergunta imediata:

Por que eu também não encontro alguém?

Em casos como estes, cuja gênese do problema se radica não tanto no egoísmo íntimo, mas nos desencontros e no descompasso, a solidão necessita de uma melhor análise e, surpreendentemente, poderá ser transformada de ação punitiva do destino em ação educativa do Universo.

Imagine o capitão de um grande transatlântico, responsável por toda uma estrutura complexa e cheia de problemas. São os passageiros, os tripulantes, as máquinas, o combustível, a segurança do deslocamento, as regras da navegação, os processos de abastecimento, as condições do tempo e do mar, entre tantos fatores difíceis.

E, no entanto, para dirigir um barco tão grande e complexo por águas seguras, lá está um só homem responsável pelo comando. É verdade que terá auxiliares que o colocarão ao corrente de tudo. No entanto, ele é quem deverá tomar decisões.

De maneira semelhante, cada um dos que habitam a matéria, envergando uma túnica carnal, ostenta a condição de capitão ou comandante a ter de domar não um grande navio, mas uma máquina muito mais complexa do que a embarcação de aço.

Os corpos físicos são maquinária mais engenhosa que todas as redes de suprimentos, abastecimento e distribuição de água, energia elétrica, calefação, alimentos e outras que possam existir em um navio, juntas.

Muitas vezes, somente na situação de solidão íntima o comandante pode ajuizar com discernimento o que fazer para melhor conduzir o barco. E se o mar estiver um tanto sereno, como é o sonho de todo navegador, o que pensar do capitão que mudasse a rota da embarcação para expô-la a águas revoltas ou turbulentas à conta de conseguir mais emoção na travessia?

Seria chamado de louco, certamente.

No entanto, muitas vezes, diante de situações que se afiguram trajetos silenciosos de nossa embarcação física, por nos sentirmos monotonamente solitários, buscamos águas tumultuosas como quem, desejando emoções e sem saber esperar o porto seguro que aguarda mais adiante, atira a nau contra obstáculos que põem em risco todo o objetivo daquela construção maravilhosa.

A todo navio está destinado um porto de saída e outro de chegada. No entanto, seu destino é navegar buscando sair de um e atingir o outro. A travessia pode ser longa ou breve, calma ou tumultuosa, fácil ou cheia de percalços. Todavia, é importante que o comandante do barco físico se lembre de que, se souber conduzi-lo por águas serenas, chegará ao destino sem muitos danos e poderá sentir-se feliz por ter vencido o desafio.

O comandante traça rotas que pretende sejam as mais seguras. No entanto, é o mar da existência que se incumbirá de produzir-lhe as efetivas condições favoráveis ou adversas pelas quais deverá navegar. Nem sempre, todavia, o capitão consegue evitar as tormentas, por mais prudente que seja na escolha dos caminhos.

Saber evitar os riscos desnecessários bem como conduzir a nau pela fúria dos elementos com mão segura, isso dependerá de sua própria iniciativa.

A solidão, nestes casos, é salutar experiência na existência humana fazendo com que, a cada viagem, mais sábio se torne o comandante do navio. Certamente, não seguirá solitário sempre, pois poderá contar com pessoas à sua volta, como conselheiros, amigos, familiares queridos, espíritos protetores, todos no sentido de contribuírem com o capitão para que tudo prossiga bem. No entanto, o comandante é o responsável pelo destino da embarcação.

Percebendo que não estamos a sós e que de nós depende toda a harmonia do conjunto que espera por suas seguras determinações, cada qual nos preparamos para os embates da vida na certeza de que, nas calmarias ou nas tormentas, a bússola da consciência tranqüila apontará o rumo do porto a ser buscado. Para as situações em que parecer que o instrumento norteador avariou-se, a inundar de receios o capitão perdido no oceano da vida, lembrar-se-á que, sobre ele, os astros silenciosos do firmamento saberão indicar-lhe, seja de dia, seja durante a noite, a direção a seguir.

Para os casos deste tipo, lembremo-nos da alegria que nos espera no porto, dos braços estendidos, dos amigos e de que, tão logo cesse aquela travessia, a solidão bem conduzida permitirá ao comandante reencontrar de maneira segura e confiante a solução para o vazio íntimo, sem ter colocado o barco inteiro em risco de afundar.

Saber passar por uma travessia solitária sem buscar as emoções tempestuosas, ensinará o capitão a conhecer-se e a se lembrar que, por mais que se pense sozinho, há muita gente que o está ajudando a vencer aquela viagem. São eles, os seus auxiliares no barco corpóreo – a saúde, os órgãos físicos, a percepção dos sentidos. Depois, contará com os instrumentos para navegação como a consciência, a fé em Deus, o leme robusto do Evangelho. Por fim, e acima de tudo, terá Jesus ao seu lado e todas as ajudas invisíveis que o apoiarão sempre para que a nau chegue segura ao seu destino.

Quem pode se sentir solitário com tantas companhias assim por perto?

Quem pode se acreditar em solidão quando Deus o acompanha?

Foi Jesus quem nos aconselhou assim, em Jo. 12, 24:

> ***"Em verdade, em verdade vos digo: Se o grão de trigo, caindo por terra, não morre, fica sozinho; porém, se morre, produz muito fruto."***

3

DEPRESSÃO

Na problemática emocional que surge nos tumultuosos dias do presente, a conhecida por depressão tem sido eleita como uma das mais insidiosas doenças da emoção.

Todavia, antes de enveredarmos pelo caminho que nos propomos, lembremo-nos de considerá-la radicada no mais íntimo de nossa casa mental. E em função disso, é imprescindível averiguar inicialmente se tal condição não está sendo produzida por questões de natureza biológica, adstritas à constituição da química cerebral.

A moderna medicina, nos avanços abençoados que observamos, tem desvendado inúmeras situações de aparente caos emocional na área depressiva e que se encontram perfeitamente explicadas pelas alterações da química cerebral nos processos do raciocínio e da compreensão das coisas ao seu redor.

Ninguém poderá negar a influência hormonal no estado de ânimo ou nas disposições dos indivíduos, bastando para tanto, observarem-se as alterações no comportamento feminino nos períodos mensais em que o berço uterino está se endereçando para a descamação rotineira. Na mesma dimensão, alterados os níveis de testosterona no organismo masculino observaremos o avançar dos estados agressivos quando aquele hormônio se acentua na corrente sangüínea.

Por isso, antes de se buscar rotular de problema de cunho depressivo emocional simples ou, até mesmo de prevalência de ascendentes espirituais obsessivos, impõe-se a indagação sobre o estado de saúde do paciente nestas condições, ocasião em que, ainda que válidos os recursos psicoterápicos ou magnético-espirituais, seu estado se resolverá com a ingestão de elementos farmacológicos que lhe supram as deficiências químicas nos processos neurais.

No que tange à depressão aqui considerada, depois de excluirmos as questões acima referidas, importa considerar que é sempre brecha na armadura do indivíduo que se deixou abater por processos de culpa não equacionados no seu interior. Sempre se encontrará, com maior ou menor ênfase no contexto depressivo e, muitas vezes como o disparador desse processo, uma situação de fragilidade que aponta para a autocomiseração, autoflagelação, autopunição que aceitam a solução depressiva como justa retribuição para deslizes materiais ou morais ou delitos efetiva ou supostamente praticados.

Como saída para os conflitos da alma, a depressão se parece com o indivíduo que, para tratar de uma úlcera gástrica produzida por sua própria irresponsabilidade, resolve ingerir soda cáustica como solução medicamentosa.

Na verdade, não estará buscando a melhora, ainda que em seu interior o estado depressivo surja como uma justa punição para suas culpas ou problemas, o que lhe poderia causar uma sensação de certa compensação pelos erros cometidos.

Estará, certamente, preferindo o veneno ao reerguimento de si mesmo.

A depressão atualmente vulgarizada, sem considerarmos os casos específicos em que o volume das provas e resgates acaba por intimidar o seu candidato, que não se julga apto a enfrentá-los, representa uma tábula rasa na qual as fragilidades são demonstradas com certa condescendência, como se fossem enfermidades que se justificassem a si próprias, tornando os culpados ou seus criadores, as próprias vítimas.

Diante de filhos famintos a lhes rogarem atenção e cuidados, os responsáveis se vêem compelidos a agir para que não pereçam aqueles que lhes competem proteger.

Alguém que tenha sob sua responsabilidade uma

infinidade de pessoas ou famílias que precisam ser amparadas de uma forma ou de outra, a criatura que ocupe o espaço mental com algo construtivo para si e para os outros, não pode se dar ao luxo de enveredar pelo caminho permissivo e largo da depressão, assim considerada aquela que pretende explicar todos os sofrimentos de seu portador, fazendo-o o mais injustiçado ou o mais culpado e digno de todos os castigos conhecidos.

O antídoto para qualquer processo depressivo, excepcionados aqueles que constam da abordagem inicial deste capítulo é o TRABALHO.

Aquele que se vale da terapêutica laboral, notadamente da que se oferece graciosa e fraternalmente, se vê vacinado contra as tendências à auto comiseração ou fragilidade injustificável.

Oferecer-se sem escolher serviço, mas sentindo prazer por ser útil a alguma causa que torne importante a sua motivação para a vida, representará sempre a medicação mais adequada para que o que tenha tendência à depressão se livre de sua ameaça constante, por descobrir-se importante em algum setor da vida, ainda que não consiga se ver plenamente realizado nos caminhos nos quais depositava os seus sonhos.

Há estados depressivos que se instalam por causa da ocorrência da velhice do corpo.

Criaturas que atingem a madureza sem terem alguma atividade física ou mental ou mesmo alguma distração a que se apeguem, costumam retroceder aos antigos tempos em que se sentiam mais úteis e, de saudosismo em saudosismo, vão caminhando para o abandono de si próprias até a total entrega dos patrimônios da vida que ainda poderiam permitir-lhes mais alguns muitos anos no serviço à humanidade sofredora.

Amparar a deficiência orgânica com gestos sinceros de tolerância e admiração, de respeito e paciência, representará sempre remédio poderoso para que os anciãos que se candidatam à depressão deixem-se levar pelo entusiasmo dos que os erguem a patamares dos quais foram alijados pelo passar dos anos e pela indiferença dos demais.

Estabelecer a teia de elogios sinceros pelos pequenos serviços, demonstrando o quanto ainda são importantes para os que os cercam, ajudará muito na superação de problemas emocionais que se enraízem na questão da inutilidade ou no conceito tão comum e egoísta que torna o idoso um peso para os mais novos.

Estimular o desenvolvimento de manufaturas, artesanatos, distrações que afastem de seus pensamentos a sensação de inúteis ou de pouco importantes, poderá permitir ao idoso se sinta mais saudável e que adoeça menos e que acabe menos intransigente, caprichoso e ranzinza.

Evitar adotar para com os que já se encontram em estado depressivo, uma conduta de irritação com as suas tendências, de falta de paciência para com os seus achaques, tratando-os de meros caprichos.

No momento em que a depressão já se encontra instalada, impõe-se aos que desejarem auxiliar o depressivo que o compreendam em seu estado integral, lembrando-se que não foi de um momento para outro que aquilo ocorreu e que, qualquer transformação para melhor, importará numa política de conquistar sua confiança a fim de que, ato contínuo, volte a acreditar em si mesmo, superando suas tendências ou culpas mais profundas.

Oferecer ao que vê o mundo escuro a visão luminosa da esperança e fazê-lo crer que ela também está disponível para ele, permitirá que os anseios de viver que existem em todas as pessoas apontem o rumo de seus lemes para aquilo que poderá ser menos doloroso ao invés de, simplesmente, embrenharse na floresta dos medicamentos que pouco conseguem fazer diante dos processos depressivos decorrentes de interferências externas, visíveis ou invisíveis.

E a lembrança da figura majestosa em humildade do doce Rabi da Galiléia a dizer: Vinde a mim todos vós que estais sobrecarregados e Eu vos aliviarei... demonstrará que, recorrendo à ocupação de nosso tempo com coisas construtivas e, sempre que possível, à terapia de fluidos que o passe magnético da casa espírita propicia, só permanecerá em depressão aquele que desejá-la como a única solução para seus problemas pessoais.

Mas, ao lado da depressão até aqui referida, especificamente ligada ao envelhecimento, há aquela que atinge pessoas de todas as idades.

São os que vêem na depressão a resposta aos seus anseios de serem importantes na vida dos outros, ainda que pela porta da preocupação. Para estas pessoas, a depressão é, contraditoriamente, a causadora da infelicidade e a própria geradora de mórbida felicidade, eis que graças a ela, os demais percebem a sua existência e lhe dedicam alguma atenção.

São os depressivos por opção pessoal e os que se deixam influenciar por espíritos necessitados e ignorantes.

O primeiro tipo de depressão possui outro nome que será apreciado nos próximos capítulos com o nome de Carência.

Para o segundo tipo, não se permitir a sugestão do vitimismo fará com que todas as tentativas do mundo invisível inferior em perturbar a compreensão da realidade sejam frustradas no nascedouro.

Os processos obsessivos mais graves começam por sugestões sutis que tocam as nossas fraquezas, apontando-nos para condutas que nos afastarão da única coisa que nos poderia ajudar.

Idéias como: você é um dos mais infelizes homens da Terra; como você sofre...; não sei como você agüenta tudo isso sem se revoltar...; são portas abertas para que, com a ajuda dos adversários invisíveis, instale-se em nós a brecha da fraqueza no conceito de autoestima, que propicia os vôos rasantes para os baixios do desequilíbrio e da amargura, preâmbulos do caminho que nos levará às portas da infelicidade, ainda que vivendo no próprio paraíso celeste.

Combater todas as formas de pensamentos angustiosos que nos induzam a diminuir a certeza de nossa força contra tais sugestões será a postura daquele que, ainda que assediado por sentimentos de culpa, se coloca perante ela não como réu à espera da guilhotina, mas como serviçal à espera da tarefa de reparação.

Isso facilitará, para os casos em que o componente espiritual perturbador estiver presente desencadeando a depressão ou piorando-a sensivelmente, que os espíritos perturbadores, necessitados também de amor e compaixão, sintam-se ajudados e amparados, afastados da presença de sua vítima pelos gestos de confiança que esta deposita em Deus e no trabalho do bem.

Consideremos todo o processo depressivo como algo passível de ser suprimido se o indivíduo atacado por esse mal for entendido pelo prisma da necessidade fraterna, da paciência cristã e da observação de que, sempre que se instala, tal enfermidade aponta para uma pessoa com problemas verdadeiros no interior de sua alma, merecedora de nosso maior respeito e sincera estima para que não se deixe levar para resvaladouros piores.

Por isso, o Divino Amigo sempre exortou a todos os fracos e culpados que o escutavam e procuravam que se permitissem realizar em si mesmos os feitos de Deus, já que a todos falava da natureza luminosa que tinham, como está escrito em Mt. 5, 14-16:

> ***"Vós sois a luz do mundo. Não se pode esconder a cidade edificada sobre um monte; nem se acende uma candeia para colocá-la debaixo do alqueire, mas no velador, e ilumina a todos que se encontram na casa.***
>
> ***Assim brilhe também a vossa luz diante dos homens para que vejam as vossas boas obras e glorifiquem a vosso Pai que está nos céus".***

4

CARÊNCIA AFETIVA

Apesar do brilho das roupas e adereços que ornamentam o corpo biológico, Jóia Divina pouco valorizada pelos homens, o íntimo da criatura se ressente, muitas vezes, de uma afeição que lhe poderia iluminar o mais recôndito do ser.

Envolvidos na tormentosa rotina e nas regras da vida social que impõem ao indivíduo, a rigor, condutas incompatíveis com suas necessidades, inúmeros personagens da vida física sofrem da dor emocional caracterizada pelo desejo de encontrar o ombro amigo, a pessoa companheira, a amizade sincera que lhe corresponda ao anseio de se completar.

São homens e mulheres que buscam a contraparte afim e, como em um torneio de cegos, surdos e mudos, todos se tocam sem se encontrarem, sofrendo a mesma patogenia: CARÊNCIA DE AFETO.

Em realidade, toda carência significa ausência,

falta e, como a expressão inspira, devemos nos lembrar que a deficiência de afeto se patenteia exatamente por representar efeito da nossa própria dificuldade em entregar afeto aos demais.

Não é novidade existir falta de afeto no mundo. No entanto, os famintos de carinho de todas as horas e lugares sofrem da doença que inspiram nos outros. Recusando-se a dulcificar o mundo à sua volta, o Homem não colhe os frutos doces e viçosos que gostaria de encontrar.

Sofrem por carência afetiva tanto os que se acham solitários, sem companheiros ou companheiras, quanto aqueles que já estabeleceram relação afetiva concreta, o que lhes é causa de maior sofrimento.

Em função da dor emocional, sonham muitos com a idílica condição de tropeçarem com alguém feito à sua medida, como se pudessem entrar em um grande magazine e ali experimentarem, até que encontrassem, o número que lhes correspondesse ao manequim das necessidades afetivas.

Por desconhecerem que o encontro não se vincula a tamanhos físicos, a estruturas corporais mais bem formadas, à beleza exterior transitória, mesmo os corações que estão unidos por laços formais ou informais padecem dessa enfermidade quando descobrem-se em dissintonia com o seu companheiro ou companheira.

Em suma, todos os seres são passíveis de se sentirem mais ou menos desejosos de uma retribuição afetiva que lhe forneça alimento adequado, já que não há negar que o afeto é até mais nutritivo do que muitos suculentos pratos típicos tão ao gosto das pessoas.

Afeto é energia compartilhada e a sua ausência produz fome na alma, traduzida pela expressão convencional, carência.

Por causa dela, definham relacionamentos que poderiam durar muito mais, fenecem sonhos construídos nas noites enluaradas e que pareciam eternos, frustram-se uniões e filhos ficam à deriva no vendaval da vida, tudo isso por causa da ausência de uma troca efetiva e sincera de um sentimento que, ainda que tenha existido, deixou de ser exercitado.

A carência, como falta, significa tanto a ausência do afeto que se deveria receber, quanto aponta, igualmente, para a certeza de que está faltando também o afeto que se deveria dar.

E mesmo quando entre as pessoas existam diferenças difíceis de se transpor e que o afastamento seja a melhor solução para que os danos não sejam superlativos, o que representa sempre um adiamento dos acertos de contas entre as partes, ainda assim os envolvidos que se afastam poderão impedir que o sentimento de carência se instale, desde que procurem oferecer o afeto que lhes seja possível um ao outro.

E, então, perceberão que, se tivessem feito isso há mais tempo, talvez a solução drástica do rompimento ou da separação não fosse necessária.

Sentir falta da retribuição emotiva ou de ser objeto das devoções alheias deve propiciar uma reflexão para que o próprio indivíduo se analise e amadureça.

Na fase da primeira infância, a criança que recomeça a jornada carnal vive em constante estado de aparente carência afetiva. Tudo tem de ser para ela, todas as atenções, os mimos, os brinquedos são exigidos por sua personalidade em formação, incapaz, muitas vezes, de compreender a possibilidade de dividir algo com alguém.

Encontram-se crianças que, envoltas por inúmeros brinquedos disponíveis, desejam a todo o custo aquele que está nas mãos de seu amigo, sem o que se sentirão infelizes ou chorarão a cântaros.

Seu comportamento exige sempre e, geralmente, não suportam a hipótese de terem de aceitar um irmãozinho que chega para tirar-lhe o lugar exclusivo de deus dos adultos.

É sinal de amadurecimento quando aprendemos a entender que os brinquedos que temos disponíveis são muito mais numerosos do que, efetivamente, podemos usá-los e que será muito agradável podermos contar com a companhia de um amigo para podermos nos divertir, ainda que tenhamos de compartilhar nossos jogos.

Permanecermos em estado de carência constante é nos igualarmos mental ou psicologicamente ao período da primeira infância, o que exige um esforço para crescermos na essência e aprendermos a perceber quantas coisas boas já nos estão disponíveis. Olhar para o que já temos e não para o que gostaríamos de possuir e que pertence aos outros é outra maneira de desfrutarmos do muito afeto que nos rodeia e que não havíamos percebido ou valorizado adequadamente.

Percebamos que, se oferecermos afeto, mais cedo do que imaginamos receberemos afeto de lugares nunca esperados e nas maneiras mais encantadoras e originais.

Não mais nos imaginemos carentes de afeto por não recebê-lo daqueles que gostaríamos ou sonhávamos.

Preocupemo-nos em não sermos carentes daquele afeto que devemos **dar** aos outros, pois a nossa omissão é a responsável pela indiferença dos demais a nosso respeito.

Sentir-se amado exige dar amor nas suas diversas formas:

Amor na família,

Amor na amizade,

Afeto na maneira de falar,

Atenção no modo de escutar o outro,

Sorriso sereno na hora da repreensão do equívoco alheio,

Serenidade no trabalho,

Solidariedade no compartilhar os problemas,

Etc.

Os espíritos que compreenderam isso nunca estão famintos pois aprenderam a dar alimento afetivo aos demais; e entenderam o que Francisco de Assis tão bem resumiu ao dizer:

"É dando que se recebe"...

Da mesma maneira o conselho do Mestre Amigo em Lc 6, 38 :

"Dai, e vos será dado. Uma boa medida, densa, bem repleta e transbordante vos será derramada em vosso regaço. Porque, com a medida com que medirdes, sereis medido."

5

DESESPERO

Esperar, mais do que sinônimo de aguardar, nos dias modernos tem sido empregado como indicador de almejar, sonhar, desejar algo de bom. Em período tão especial para a evolução da humanidade, quando se deixou atrás de si uma época de frustrações em que se viu diminuírem os espaços continentais e aumentarem os abismos individuais, a esperança surgiu como um processo de impulsão de muitos em face de confiarem na idéia de que o amanhã reservará coisas melhores.

Muitas vezes, estas coisas melhores são materializadas em bens que nunca chegam, amores que nunca voltam, oportunidades que não mais se renovarão.

No entanto, a esperança surge para alguns como uma força que começa a ser desvendada cujo componente ***futuro*** não é tão importante quanto o componente ***presente***.

Daí porque o Homem que tem esperança, delineia o seu amanhã e sai em busca de sua concretização, hoje. Não se trata mais de uma expectativa passiva, despida de iniciativa que possa auxiliar na sua efetivação. Ter esperança, para alguns que bem a compreendem, representa estar atento a tudo o que se pode fazer para trilhar os caminhos que possam levá-lo às proximidades de seu objetivo.

Isso porque aquela dita esperança passiva, para a qual o interessado não age e não luta no sentido de renovar todos os dias, não é mais do que um projeto descrente no futuro. Um desenho que se deixou esquecido no interior de uma gaveta e que o tempo amarela.

No entanto, a esperança, como os espíritos elevados a concebem, é energia em ação, movimentando o interior do ser para aquilo que pode despertar nele mesmo a crença em sua potencialidade, a riqueza de seu projeto, o aperfeiçoamento de sua visão, o aumento de sua maturidade. Por esse motivo, muitas vezes tal situação não se concretiza de imediato,a fim de permitir uma melhor modelagem daquilo que se deseja e do próprio indivíduo que almeja conseguir atingir o que idealizou.

A esperança como alavanca de realização é fonte de vitalidade constante, fazendo com que o Homem se desafie a si próprio na superação ou na consecução daquilo que, em um determinado momento, lhe parecia impossível ou improvável.

E tão potente se apresenta tal força que, nos dias atuais, uma grande luta se trava entre a nova ordem que se instala e a velha forma de ser, condenada a deixar de existir, esforçando-se esta forma velha para convencer o Homem de que é inútil ter esperanças, acreditar no seu futuro e em sua destinação para a felicidade.

Cultuando o imediatismo como em nenhuma outra época se conseguiu cultuar, as estruturas do mundo atual, dirigidas por mentes arraigadas aos modelos que se vão ultrapassando, valorizam tudo aquilo que se logra com rapidez e que se consegue agora, numa verdadeira afronta ao sentido da esperança.

Ao induzirem as pessoas ao comportamento ansioso de tudo desejarem para já e de que o mundo está caminhando para a sobrevivência de apenas alguns mais rápidos e espertos, as estruturas sociais fulminam no coração das pessoas a significação da capacidade de esperar.

A época da ansiedade, com está ficando conhecido o período atual da humanidade, tem tentado substituir a esperança por produtos químicos euforizantes, estimulantes, remédios anti-depressivos, sem mencionarmos o grande número de substâncias entorpecentes que produzem um lampejo da sensação de potência para lançar, logo depois, o seu usuário num abismo de insatisfação.

E a grande massa de jovens que, por sua natureza indagadora e curiosa, buscadora de autoafirmação e confiança em si própria, facilmente seduzida por aquilo que é mais rápido e fácil é a principal vítima das ondas de desespero decorrentes dessa forma de ver a vida. Os jovens acabam incapazes de entenderem que saber ter esperança significa amadurecer.

No entanto, todos os diagramas sociais estabelecem que a onda de desespero de hoje se espalha por todas as camadas sociais.

Além dos jovens, vítimas de sua natural e compreensível ansiedade, os adultos, avassalados pelo aumento constante do fenômeno da competição em busca de um lugar de sobrevivência; as mulheres, por se verem sempre cobradas pelos padrões mentirosos da beleza exterior de alguns anos de juventude transitória, tentando esticá-la, no corpo físico, aos períodos que vão além do que o próprio bom senso aconselha; os homens, sempre tentados a ampliarem as suas áreas de influência e poder com receio do envelhecimento; os idosos, que se vêem sem perspectivas e sem espaço na sociedade de competição vão, igualmente se sentindo sepultados sem terem morrido; todas estas pessoas padecem da ausência de esperança sem entenderem que é a esperança aquela que representa um poder tão grande que uma das lutas maiores das forças negativas da ignorância é, justamente, a de diminuí-la no coração das criaturas com sujestões como estas:

As coisas estão ficando piores... Não sei onde vamos parar... As pessoas estão cada vez mais violentas... Todos querem se matar... Ninguém presta... Eu não acredito mais em ninguém...O Homem não vale nada...

Todos estes são recursos das forças inferiores para dizer às pessoas, de maneira sutil que:

Não adianta lutar nem ter esperança,... pois as coisas vão piorar.

Você está vulnerável a tudo, você é fraco, não adianta esperar que as coisas mudem... pois as dificuldades aumentarão.

Não espere pela paz, mas, ao contrário, seja mais agressivo... pois só as pessoas fortes conseguem sobreviver.

É melhor que os outros morram... antes de ficar esperando que você seja morto por eles.

Não tenha gestos de nobreza, ... pois ninguém presta - (nem mesmo você).

Não tenha esperança de que a verdade triunfe, que a fé te ilumine, que os ensinamentos de Jesus sejam verdadeiros... o melhor é não acreditar mais em ninguém.

Essa tal campanha sutil, a produzir muitos indivíduos descrentes de si mesmos e das coisas ao seu redor, nada lhes coloca como solução a não ser o vazio e a frustração. Daí o desencanto que atinge os incautos ou invigilantes que se deixam seduzir por essa forma mentirosa de interpretar a vida e que faz das pessoas mais vulneráveis criaturas ainda mais desesperadas.

Desespero de sair de casa, de acreditar nos outros, de buscar a compreensão de uma fé sincera, de ir em busca de um objetivo, de acreditar no próprio sentimento, de respeitar o que parece ser verdade por se perderem os parâmetros que a verdade parecia possuir.

Instalar o desespero como mensagem constante ao coração dos homens é inocular neles o veneno da inação, da preguiça, da falta de vontade de lutar para que as próprias esperanças se concretizem.

Na verdade, é nessa luta constante que os caminhos se descortinam.

As grandes metrópoles de hoje mais não foram um dia do que pequenos carreiros de terra, abertos pela passagem de alguém que levava consigo seus pertences e seus sonhos de construir a sua casinha em um determinado lugar.

Agregadas as casinholas pelo desejo de se auxiliarem e protegerem, logo passaram a ser rota de comércio para alguns poucos que desejavam vender-lhes coisas trazidas de longe, o que transformou o trilho em uma estradinha mais delineada, melhorando o percurso, tornando mais atraente a localidade, facilitando a compra e a venda e, por isso, ampliando-se o número de seus habitantes.

Algumas décadas depois, um aglomerado de casas rústicas dava origem a uma vila que, sem deixar de ser o sonho inicial de seu primeiro morador, ganhou o sonho de todos os outros e a esperança foi se transformando em fato consumado.

Assim, se o desespero está na ordem das dores de sua emoção, lembre-se de olhar no caminho inverso e de dar ouvidos a outros conselheiros, pois os que estão lhe incutindo tais noções - sejam intuições do mundo invisível ou pessoas de carne e osso - eles sim, têm medo de você.

Todos os que se esforçam em dar maior ênfase aos problemas que matam as esperanças, às conversas céticas e negativistas, todas estas pessoas, quando não o fazem por ingenuidade, estão dizendo, na linguagem sem palavras, que você é muito perigoso se perceber o quanto a sua esperança pode melhorar o mundo à sua volta.

Os que pregam o desespero de suas diversas maneiras, longe de serem realistas como gostam de ser qualificados, na verdade são criaturas que se amedrontaram diante dos obstáculos e estão querendo espalhar o medo até você a fim de que não fiquem solitários.

Se você seguir adiante, que será dos que ficaram parados, por não terem esperanças? Por isso desejam convencê-lo de que você não é capaz.

Lembre-se de ter esperança como alguém que tem fome. Do mesmo modo que seu corpo pede comida todos os dias, a sua alma pede a esperança em você mesmo, sempre.

Jesus é o seu símbolo maior.

Mais do que as religiões que vieram depois do Amado Mentor de nossas vidas, ele sempre fez da esperança a sua alavanca. Deu esperanças às meretrizes, deu esperanças aos famintos, deu-as aos que o escutavam, aos aleijados, aos condenados no dia do calvário, junto de sua cruz.

O da direita aceitou-lhe o convite.

Quanto ao condenado da esquerda, pelo teor de seus próprios argumentos, pode-se concluir que, com certeza, se contava entre os que não a tinham. Deveria ser um dos "realistas" de todas as épocas.

O desesperado desiste sem tentar.

O que tem esperanças tenta sempre sem desistir, até que realize o seu sonho.

Ter esperança não é fugir da realidade.

É construí-la, sabendo aguardar que ela se concretize.

Mantenha sua vontade e lute para atingir o seu objetivo. O Cristo o ajudará a acreditar em si mesmo.

Fez isso sempre, como no caso da mulher sofredora que Mt. 9, 20-22 nos relata:

> ***"E eis que uma mulher, que durante doze anos vinha padecendo de uma hemorragia, veio por trás dele e lhe tocou na orla da veste, porque dizia consigo mesma: Se eu apenas lhe tocar a veste, ficarei curada. E Jesus, voltandose e vendo-a disse: Tem bom ânimo, filha, a tua fé te salvou. E desde aquele instante a mulher ficou sã."***

6

TÉDIO

A procura de emoções sucessivas leva o Homem moderno a um desgaste de energias em busca de sensações sempre renovadas e mais empolgantes que as anteriores.

Sedento de novidades e acreditando-se vítima de um sistema que o mantém preso a comportamentos repetitivos e sem inspiração para encarar o seu dia-a-dia por outros prismas, vai-se deixando envolver por uma maçante atmosfera de mesmice, trazendo-lhe frustrações e dissabores.

Desse modo, sem compreender o quanto depende dele a maneira como a vida lhe parece e pode ser modificada, permite que se instale o tédio no trabalho, no lazer, no sentimento, nas relações sociais, nos próprios ideais.

Desejoso de obter recursos para a manutenção de sua existência, atira-se ao trabalho sempre do mesmo modo. Faz sempre as coisas do mesmo jeito e reclama sempre dos mesmos problemas a ponto de tornar-se amargo ou sem graça o dinheiro que consegue receber. Para criar uma nova emoção, se prende ao sabor de gastá-lo na realização dos seus mais esdrúxulos caprichos, desfrutando transitoriamente da sensação de poder ou satisfação que isso possa lhe causar. Terminado o momento de empolgação, volta-lhe o tédio a tornar-lhe os dias monótonos e sem viço.

Cansado do trabalho, tem a idéia de descansar. Assim, anseia pelo final de semana e, todos os finais de semana faz a mesma coisa. Vai para o mesmo lugar, seja a praia, o sítio, o camping, a pescaria, o esporte e percebe que, em todos os finais de semana adota, tediosamente, os comportamentos repetitivos e sem graça de sempre.

A união física já se transformou, deixando a euforia inicial para assumir a rotina do empenho do casal na criação dos filhos e na resolução dos problemas imediatos, em geral ligados ao mundo material. A emoção do abraço e do carinho ficou relegada a fotografias amareladas de um tempo onde ela fazia sentido e dava um sentido à vida de ambos.

Agora, é o almoço de domingo, o jornal, a televisão, a sesta, as conversas monossilábicas, a visita do parente de sempre, tudo repetitivo e tedioso.

Os contornos físicos dos corpos já perderam o seu mistério inspirador. Os defeitos comuns já foram descobertos por ambos e a quebra dos sonhos afetivos já foi assimilada por um comportamento amornecido pela falta de estímulo e pela repetição.

Monótonos por opção ou por ausência de maturidade espiritual, ficam os corações vulneráveis a quaisquer novidades, ainda que sejam os velhos e mesmos modelos em novas embalagens. Essa possibilidade empolga a emoção despreparada para a vida elevada dos sentimentos nobres e das realizações espirituais.

Usando o tédio como desculpa, muitos seres se permitem inovar em todas estas áreas na busca de emoções fugazes e aventuras novas, desejando sempre embriagarem-se pela famosa "adrenalina pura".

No entanto, o tédio só existe porque o Homem se submete a ele na condição de pretender sempre fazer as coisas do mesmo modo. Por ser-lhe mais fácil e não lhe exigir maior esforço, tende sempre a manter as rotinas que lhe dão uma aparente segurança material, emocional, afetiva sem perceber que, dessa maneira, vai inoculando em si o veneno de suas próprias condutas.

Conseguir renovar o modo de ver as coisas no trabalho, sobretudo por procurar fazer o que se gosta ou aprender a gostar do que se faz, a fim de que se realize com a labuta diária é um grande componente estimulador da alegria que afasta a rotina. No entanto, aos que trabalham por obrigação em tarefas que não gostam de realizar, a lembrança de que essa insatisfação não as tornará melhores pode auxiliar para que busquem uma maneira de ver o trabalho de um tal modo diferente que aquilo que era maçante passe a apresentar contornos de certo agrado.

Um ventilador que afaste o calor imediato, uma persiana que proteja do sol, uma luminária que melhore a claridade, um porta-retrato de alguém querido, um bilhete simpático a um companheiro de trabalho, um gesto de gentileza trazendo o café ao amigo atarefado, um elogio ao funcionário subalterno que, sempre desatento, nunca faz as coisas como você precisa, tudo isso pode mudar a face de seu mundo e transformar a sua rotina em uma agradável sensação de novidade.

Seu lazer pode ser mais alegre se sua conduta apontar para uma coisa espontânea e feliz, que demonstre aos outros a sua alegria de divertir-se saudavelmente. E muitas vezes sem necessitar sair da própria casa ou da própria cidade. Inovar o descanso do final de semana com a programação de um jogo de mímicas em família, surpreender os próprios filhos chamando-os, bem como aos seus amigos mais chegados, para um desafio de construir a pipa maior e mais criativa. Não perceber o tempo passar e não pensar nos problemas que o esperam na volta ao trabalho.

Sua vida afetiva tediosa pode estar sofrendo de uma certa "artrite" nos seus sentimentos que se vão transformando em artroses nas manifestações endurecidas e dolorosas.

Afagar os cabelos do companheiro ou companheira, elogiar-lhe as virtudes com sinceridade, lembrar-lhe da alegria que é poder estar junto pelo tempo em que se encontram na convivência, fazer-lhe uma surpresa com coisas simples e que você mesmo tenha preparado e que esteja ligado ao passado comum, nas boas lembranças dos tempos já vividos, todas estas são maneiras simples de não deixar que o tédio se imponha na emoção das criaturas.

Em verdade, o tédio existe naqueles que permitem que as coisas se deteriorem por desleixo em sua condução e em sua preservação. E se percebermos a extensão do problema, perceberemos, igualmente, que é mais vantajoso combater a sua causa essencial do que tentar remediar seus efeitos inexoráveis.

Então, até mesmo por uma questão de economia e inteligência, é mais barato buscar esforçar-se para lutar contra o tédio do que ter de pagar o preço que ele cobra quando se instala e estraga a vida.

Daí Jesus lutar contra este estado de coisas no coração e na vida das pessoas ao exortar os Homens a não perderem o sabor, a não serem mornos, a não se deixarem colocar debaixo do alqueire.

São Dele estas palavras encontradas em Mt. 5, 13:

> ***"Vós sois o sal da terra; ora, se o sal vier a ser insípido, como lhe restaurar o sabor? Para nada mais presta senão para, lançado fora, ser pisado pelos homens."***

7

PROBLEMAS QUE SURGEM NO CAMINHO

Por entre os caminhos tortuosos da vida, as leis de Deus se cumprem com exatidão e segurança.

E entre os passos trôpegos da criatura, se revelam as suas fragilidades, as deficiências de seu espírito aprendiz.

Saber onde está o problema é condição para solucioná-lo e sem esse conhecimento a criatura perde tempo lutando contra fantasmas desconhecidos, buscando objetivos exteriores e efêmeros.

Cada situação problemática não é mais que estação transitória no grande processo que representa a viagem da vida. Até se atingir o objetivo distante, há que passar a alma por todos os pontos intermediários e enfrentar as paradas a que está compelida para que a jornada possa ter prosseguimento.

Há aquelas interrupções que são escalas técnicas de abastecimento, nas quais o espírito se vê na condição de aprender, melhorar as suas qualidades, conhecer e produzir com a atividade que lhe impõe o momento de desafio.

Outras existem, contudo, que são interrupções no trajeto a fim de que acidentes futuros possam ser evitados.

São atrasos que parecem ser despropositados, negativos, indesejados, mas que, no seu silêncio, estão protegendo o espírito de quedas mais graves e dolorosas.

Assim, inúmeras estações de enfermidade, de dor ou de dificuldades de toda a natureza surgem perante a jornada da criatura, forçando-a a manter-se aparentemente estacionária, em processos de esforço continuados que não lhe propiciam nenhuma melhora aparente.

Tais momentos representam oportunidades de auto-análise que farão com que a alma se conheça e se avalie de acordo com as suas reais capacidades de luta e resignação. Em cada caminho, pois, a vida produz as diversas estações indispensáveis ao aprofundamento da consciência de si mesmo, no enfrentamento das barreiras necessárias ao aperfeiçoamento.

Por isso, se neste momento sua experiência pessoal está enfrentando um destes períodos, no qual se afigura que a jornada promissora da vida sofreu uma interrupção de continuidade, observe-se e conheça a sua maneira de enfrentar tal momento da viagem.

Se a impaciência o estiver aconselhando, descubra que ela é a mazela oculta que lhe está tornando pior o aproveitamento deste momento importante. Se a irritação lhe causa perturbação dos sentidos, observe-se com isenção e descubra que se trata de um outro mal conselheiro a quem você costuma dar ouvidos.

Se a maledicência invade suas reflexões e a sua conduta verbal se perde em espinheirais de azedume e reclamações, perceba-se descontrolado e incapaz de fechar a própria boca. Olhando para tal impossibilidade, perceberá que até para o mais singelo domínio da língua está lhe faltando a força de vontade.

Se os pensamentos se perdem em processos de pessimismo e rebeldia, esteja atento para tais companheiros e observe que, em sua atmosfera mental há muito espaço para ser ocupado por esse tipo de erva daninha que lhe consome as forças e solapa qualquer tentativa de retomar a trajetória da viagem.

Observe que nem a impaciência, nem a maledicência, nem o pessimismo e a rebeldia farão com que as barreiras que impedem a continuidade da jornada sejam vencidas.

São reações inócuas à solução de qualquer dificuldade.

Entretanto, representam manifestações da nossa fraqueza íntima, dos pontos vulneráveis do espírito que jornadeia e que, muitas vezes, que ir adiante sem estar consciente das próprias fragilidades.

Daí, para que a sua viagem no rumo da evolução seja completada sem muitos acidentes graves, a cada estação que representa um hiato nessa jornada, deve o viajante observar-se para perceber o que lhe cabe trabalhar e que tipo de problemas está carregando em sua própria bagagem a fim de que tais pesos internos não sejam obstáculos à retomada do trajeto.

Assim, a jornada possui a velocidade e a dinâmica que o viajante é capaz de imprimir nesse processo.

Deus lhe dá a estrada e apresenta as diversas estações de aprendizado.

Interpretá-las e aproveitá-las é escolha de quem viaja no aproveitamento das experiências do autoconhecimento. Quem retira as lições adequadas, obtém a senha para seguir adiante.

Quem se mantém no padrão do desconhecimento de si mesmo, na imaturidade de suas reações de inconformismo, rebeldia, descrença, desilusão, maledicência, impaciência, se mantém mais tempo parado na mesma estação e, por isso, atrasa a própria viagem.

Nessa viagem, o conselho de Jesus representa o guia do jornadeiro mais experiente que dá ao mais novato as senhas necessárias para seguir adiante.

Por isso, a sabedoria do Cristo nos alerta em Lc. 9, 23:

> ***"Se alguém quer vir atrás de mim, renuncie a si mesmo, tome sua cruz cada dia e siga-me."***

8

COMPANHEIRISMO

Nos caminhos do crescimento individual, o ser humano enfrenta as dificuldades de que necessita para vencer as fraquezas que carrega. São situações modeladas pela sua exigência de aperfeiçoamento, derivadas das demonstrações de fraqueza que o indivíduo já se permitiu ou nas quais já incorreu nesta ou em anteriores existências.

Da mesma maneira que o homem aprendeu a dosar a potência de um medicamento para enfrentar os diversos tipos de ataque bacteriano, dependerá da bactéria invasora a escolha, pelo médico, do remédio a ser aplicado em cada caso.

E na estrada evolutiva cada alma também apresenta em si mesma as características próprias que apontarão para o tipo de obstáculos que precisará enfrentar e superar, nas lutas contra as deficiências que carrega.

Engana-se aquele que pensa que Deus exagerou na dosagem. A dose está sempre definida pelo próprio necessitado.

Nem poderia ser diferente. Imagine-se o médico que, ao invés de realizar exames e usar medicação apropriada à doença diagnosticada, utilizasse no paciente enfermo todos os medicamentos disponíveis na farmácia, sob o pretexto de combater todo e qualquer tipo de bactéria potencialmente causadora daquela enfermidade.

Certamente produziria no paciente danos mais graves do que a própria doença.

Por isso, todos caminham pela Terra nas estradas que demarcaram.

Ninguém pode transitar em trilhas alheias da mesma forma que ninguém pode, nos seus caminhos, caminhar por outro.

Daí ser, tal trajetória, um ato solitário e individual, não se podendo dividir as experiências com o desejo de diminuí-las ou torná-las mais amenas.

Não é possível que o enfermo divida a dose de remédio que lhe parece amargo com outro ao seu lado. Nem que alguém, por mais que se lhe devote o sentimento, venha ingerir a medicação para diminuir a quantia de sabor desagradável que cabe ao doente beber.

Dentro desse quadro, compete a cada criatura sentir-se responsável por sua estrada e pela dose de medicação que se impôs a si mesmo, sem acusar a nada e a ninguém pelos momentos difíceis por que esteja passando.

E a despeito de ser processo solitário em seu íntimo, a Grandeza Divina permitiu a existência do companheirismo que, se não pode ingerir o remédio que corresponde ao doente, pode ajudá-lo com um copo de água ou ampará-lo com a presença amiga e generosa.

Os caminhos individuais que a evolução apresenta a todos os seres não impedem que se possa caminhar lado a lado, cada um com suas necessidades e remédios apropriados a seus casos e, ainda assim, seguirem próximos, solidários e se apoiando nas desditas ou desafios.

A ação do companheiro é a de alimentar a alma aflita com as forças do afeto, combustível universal que, nos padrões cósmicos, significa potente veículo de apoio e de estímulo para a caminhada adiante.

Por esse motivo, a Bondade Criadora permitiu que cada qual enfrentasse os conflitos de que necessita mas lhe garantiu a possibilidade de ter ao seu lado outros que, submetidos aos mesmos processos de crescimento, partilhassem com ele estes momentos e, juntos, apoiados e apoiando-se, encontrassem ânimo e vontade para aceitarem as imposições evolutivas definidas pelas próprias fraquezas.

Algumas vezes estes companheiros se acham envolvidos nas relações do afeto, na condição de cônjuges que deveriam estar convictos de que, mais do que partícipes de trocas físicas ou hormonais, são criaturas companheiras para as trocas de forças e energias espirituais.

No ambiente da família o companheirismo germina na ação paterna ou materna que encaminha os filhos, essas almas confiadas pelo Criador à tutela como irmãos que os antecederam no corpo, em direção ao crescimento de seus espíritos que começam as lutas redentoras da nova encarnação.

No panorama exterior à intimidade doméstica, o companheirismo se apresenta nas relações sociais a começar pelas da profissão, na qual se podem contactar outros seres em provas ou resgates expiatórios cruéis.

O companheirismo tem sempre um dever a cumprir, não importa com quem.

Muitas vezes estará vinculado a um ser desconhecido, que está a enfrentar desafios e problemas que lhe pertencem com exclusividade, mas que o companheirismo sabe atenuar com uma palavra ou um gesto de apoio e estímulo no caminho da esperança.

Para os indivíduos em aflição ou conflitos interiores, muitas vezes o companheiro poderá ser encontrado na figura apagada de um ser mais desditoso do que ele, cujas lutas mais acerbas e dramas mais amargos servirão de referencial para que se descubram menos infelizes do que muitos outros.

O companheirismo é sempre uma fonte de esperanças.

No ambiente da família, mais do que prazeres físicos, o companheirismo descobre recursos de apoio recíproco, fazendo com que cada cônjuge possa se colocar, por um momento, no lugar do outro e imaginar-se tendo de fazer ou enfrentar as coisas e problemas que o seu par tem de enfrentar.

Uma peça de roupa que o homem dobre ou guarde, a louça suja que ele lave, a atividade doméstica que compartilhe com sua companheira, a conversa na qual ele escute e compreenda as ansiedades dela, a atenção que lhe reserva na consideração pelos seus sacrifícios e, muitas vezes, pela dupla jornada de trabalho – fora e dentro do lar - tudo significa companheirismo.

O equilíbrio dos gastos na administração dos recursos da família, a divisão das preocupações dele, escutando-lhe os desabafos, a não multiplicação de exigências de consumo absolutamente desnecessárias e supérfluas, a renúncia a caprichos pessoais, a manutenção da serenidade íntima e da segurança do porto afetivo no qual a embarcação agitada pelas ondas de problemas e lutas encontrará proteção e descanso, são outras tantas maneiras de a mulher oferecer o seu companheirismo para fortalecer o ser com o qual convive, tornando mais amenos os caminhos e trilhas individuais que ambos precisarão enfrentar.

Na condição de orientadores dos filhos, os companheiros sabem dosar a afetividade e a energia porque reconhecem que, tanto podem estragar a planta tenra a falta de água quanto o seu excesso.

Na oportunidade do convívio social, o companheirismo sabe ver nos outros qualidades e virtudes que eles mesmos, muitas vezes, não se acreditam possuir e, por isso, produz sempre uma palavra de elogio e gera alegria verdadeira em quem escuta ou lhe partilha a companhia.

Em momento algum o companheirismo julga ou

condena. Se não tem uma palavra de apoio, cala qualquer crítica que destrua a esperança ou o equilíbrio.

Enquanto o egoísmo sabe ver defeitos e lança-os na face alheia, o companheirismo vê qualidades, recursos esquecidos, valores que poderão ser usados e busca estimular a que o seu detentor deles se utilize a seu próprio benefício.

É verdade que há enfermidades físicas muito cruéis e sem curas imediatas.

Todavia, enfrentá-las com alguém que nos estenda a mão e seque nossas lágrimas representa um decisivo apoio em nossa trajetória. Um apoio inesquecível e poderoso para que não abandonemos a luta que nos cabe nem nos revoltemos com o insucesso dos tratamentos.

Por isso, mais do que cônjuges, pais e mães, patrões ou empregados, amigos ou conhecidos, aprendamos a exercer a nobre função de companheiros, uns dos outros, para as lutas que nos aguardam em todos os quadros que a vida nos apresente.

E na condição de Companheiro Maior de todos nós, o Divino Mestre nos dirige a palavra dizendo:

> ***"– Ninguém tem mais amor do que quando dá a própria vida por seus amigos. Já não vos chamarei de servos porque o servo não conhece o que faz o seu senhor. Eu vos tenho chamado de* AMIGOS *porque vos tenho manifestado tudo o que ouvi de meu Pai."* (João, 15, 13-15)**

9

DÚVIDAS

Nos processos de crescimento da alma, as primeiras fases estão cheias de incertezas diante do desconhecido. E nesse processo de avanço, as questões se vão apresentando para que o espírito seja colocado diante delas e comece o amadurecimento necessário.

Por isso, um dos grandes instrumentos evolutivos leva o nome de dúvida.

Através dela, o ser humano está sempre em contato com a sua pequenez relativa, descobrindo que, quanto mais enfrenta obstáculos e mais luta para diminuir as dúvidas e incertezas que carrega, ao conseguir equacionar e solucionar algumas delas, outras surgem, maiores, a lhes ocupar o espaço.

A dúvida no Homem é vista pela verdade como a sua mais nobre companheira e a sua mais fiel amiga.

Aquele que não a possui, não se candidata ao

progresso, pois não tem indagações a responder nem se demonstra interessado em efetivar escolhas ou melhoras na compreensão das coisas.

O homem, naturalmente envolvido em questões cujo conhecimento não domina ou para as quais, muitas vezes, não se acha amadurecido, é visitado pela incerteza de qual caminho eleger como o melhor.

Ou então, distanciado dos elementos informativos que lhe permitiriam um controle dos assuntos e dos fatos, vê-se alijado da melhor decisão pela existência da dúvida.

Todos estes elementos apontam para as fragilidades que existem em seu interior, seja no conhecimento técnico ou na compreensão das diversas faces que compõem o desafio que está sob sua análise.

Duvidar, como elemento construtivo da própria evolução, é manter-se em uma postura ativa e de busca constante, questionando as próprias bases para que não caia na postura acomodada dos que pensam já tudo saberem, tudo dominarem e tudo conhecerem.

As incertezas que são reconhecidas como tais, recolocam o Homem na sua efetiva situação de débil força na ordem das coisas que o dirigem.

Quando se crê dirigente do próprio destino, fracassa diante de sua própria fraqueza.

Inúmeros fatos demonstram tal afirmação.

Navios projetados para nunca naufragarem, afundaram.

Edifícios construídos para jamais caírem, vieram abaixo.

Nave espacial, produzida com a tecnologia mais avançada e submetida a todos os rigores de testes e análises, explodiu logo depois de decolar.

Sempre que a criatura deixa de comportar-se com a humildade dos que reconhecem as próprias limitações, a força inexorável das coisas se apresenta para recolocá-la no seu devido lugar.

Reconhecer as próprias dúvidas significa olhar-se no espelho e perceber a própria realidade, ou seja, a de que somos espíritos que nos colocamos mais próximos do abismo da ignorância do que nos domínios luminosos do saber.

Duvidar como fonte de auto conhecimento significa lucidez mental e saúde interior que pede mais empenho no sentido de superarmos os limites da ignorância através do estudo, do trabalho, do esforço e da dedicação ao aprendizado.

Sempre que aprendemos sobre os assuntos que nos causam dúvidas, vemos que elas diminuem ou deixam de existir naquele âmbito. No entanto, não dura muito a nossa alegria, pois, em breve, embasada nas conclusões das dúvidas antigas, sobre os seus alicerces novas indagações aparecem, forçando-nos a seguir na edificação através da solução de novos questionamentos.

No entanto, se essa dúvida que busca o conhecimento é a melhor amiga da verdade, há outro tipo

- a dúvida infundada, gratuita, irônica, arrogante - que representa recurso de fuga da criatura, alienada de si mesma, pretendendo sempre simplificar as coisas da vida pelo caminho rápido da insensatez.

Duvidar de tudo e de todos significa duvidar de si próprio e se colocar em rota de colisão emocional com todas as circunstâncias que poderiam levar à felicidade relativa.

Ainda que não nos seja possível tudo conhecer para que a dúvida deixe de existir, a nossa jornada atual nos permite, ao lado de uma quantidade de indagações, uma certa e razoável quantidade de certezas.

E se duvidar para aprender é um ato positivo que nos estimula a aumentar as certezas, duvidar por duvidar, sem buscar solução para tais conflitos é manter-se na condição do cego que reclama da cegueira, mas recusa o tratamento que a possa sanar.

Daí, nossa postura diante das coisas que não compreendemos e que nos geram dúvidas deve ser a da criança curiosa que, sem entender, vai em busca de ver como funciona.

Única forma de dominar a verdade parcial e relativa que podemos compreender por agora, a escada que nos leva até ela se alicerça nos degraus da dúvida.

Se você tem muitas, isso é um sinal positivo de que está indo na direção correta.

Se tal indagação está ligada ao lado emocional

e você questiona o amor, a bondade, a honestidade, e os princípios elevados de viver, busque conhecê-los efetivamente. Analise os efeitos positivos que eles causam nos que os cultivam. Perceba o quão infelizes são os que não os vivenciam e, assim, observando os que estão próximos de si mesmo, você aprenderá através das conseqüências que , como disse Jesus, "conhece-se a árvore pelo seu fruto".

Não deixe, todavia, de prová-los na prática, principalmente os sentimentos positivos que produzem os frutos doces para os que os plantam. Somente quando estes frutos são degustados é que percebemos o quanto valeu a pena tê-los semeado dentro de nossa seara íntima.

Mas se a dúvida se refere aos seus próprios objetivos pessoais, redimensione com sinceridade as prioridades da sua vida, pois a dúvida sempre aparece quando nós não conhecemos bem o que desejamos.

Aprofunde-se na compreensão de tais objetivos, com isenção, sempre com o desejo de chegar até à Verdade, a melhor amiga da Dúvida.

Se você não desejar enganar-se com escolhas que sejam as mais convenientes aos seus interesses, ainda quando sejam absolutamente prejudiciais à Verdade, seus caminhos se aclararão e suas condutas serão orientadas pela melhor estrada a seguir, bastando que, diante dos seus objetivos, você se pergunte sempre antes de tomar uma decisão qualquer:

Por que desejo isso?

Aonde quero chegar com esse comportamento?

Estou sendo sincero no que estou dizendo?

É verdade aquilo que estou afirmando?

Eu conheço o assunto que estou abordando?

Eu preciso, realmente, comprar esta coisa?

Qual é a motivação verdadeira dessa minha aparente necessidade?

Use sempre a dúvida como uma aliada na construção do próprio Eu.

Não aceite as coisas sem pensar ou perguntar por que. Busque aprofundar os porquês da existência em si próprio.

Você descobrirá que os que não duvidam nunca, estão mais próximos de serem considerados mortos do que os próprios enfermos incuráveis que esperam o dia da partida, isto porque estes se perguntam para onde irão ou o que os aguarda depois, enquanto que os primeiros sequer cogitam de que desencarnarão um dia...

Aprendamos com Jesus conforme nos narra Mt. 7: 7a11:

> ***"Pedi e dar-se-vos-á; buscai e achareis; batei e abrir-se-vos-á. Porque quem pede recebe, quem busca acha, e a quem bate se abre."***

10

ANSIEDADE

O avanço dos anos e das rotinas humanas alterou profundamente a interação entre o homem e o mundo.

Nos tempos antigos, quando todos estavam submetidos à lentidão dos processos evolutivos e dos meios tecnológicos obsoletos ou rudimentares, o espaço que havia para as relações interpessoais permitia que as criaturas pudessem se manter em padrão de emoção mais estável.

Sem recursos tecnológicos avançados, a alma caminhava mais lentamente por entre os caminhos que lhe estavam destinados.

A diversão era a conversa na família ou entre os amigos que se visitavam.

Outras vezes, a meditação e a leitura que aprofundava o conhecimento e amadurecia o pensamento na análise da vida e dos problemas.

Os deslocamentos mais difíceis impunham aos seres um regime de atividades físicas que mantinham seus corpos em maior harmonia com as leis da natureza.

A ausência de avanços na esfera da química fazia com que as pessoas recorressem aos antigos métodos de aumentar a fertilidade do solo através dos adubos orgânicos e saudáveis por estarem integrados aos ciclos da própria natureza.

Nos meios de comunicação de antigamente, a inexistência de um supermercado de imagens euforizantes, canalizando mensagens de insatisfação emocional à uma audiência frustrada limitava os vôos da insensatez ou da imaturidade e colocava as pessoas diante de suas próprias realidades, sem iludi-las sobre a possibilidade de alterá-las à força, com o rompimento dos compromissos assumidos durante o preparo da encarnação.

Nos tempos que passaram, o saboroso bolinho de fubá tinha uma importante função de integração das criaturas que se sentavam ao redor da mesa para desfrutá-lo e conversar sobre as coisas da vida.

As notícias trágicas de fatos que ocorriam naquele mesmo momento em algum lugar do mundo não espalhavam o pânico e o medo com a velocidade com que isso ocorre hoje.

Tragédias levavam semanas para serem conhecidas e serem divulgadas.

Sem saberem dos desastres pessoais ou coletivos, as pessoas se mantinham preservadas no razoável equilíbrio em que haviam desenvolvido suas próprias vidas, permitindo-se estarem em contato com seus próprios objetivos, apesar das situações ao seu redor.

O tempo mudou e o progresso acelerou todas as coisas e processos.

A atualidade encanta e seduz, parecendo um mundo de luzes e sonhos entregue às mãos rudes de um atabalhoado funcionário.

Antigamente, um aparelho elétrico possuía apenas as chaves para ligar e desligar ou, quando muito, alterar os canais de sintonia.

Hoje, maravilhas da tecnologia a exigirem cursos de aprendizado para explicar como são ligadas, como se sintonizam, como se exploram as suas incríveis e absurdas potencialidades.

Manuais de instrução mais grossos do que livros didáticos a ensinarem como funciona uma máquina de preparar café.

E se nos compete reconhecer e aplaudir os inúmeros e largos benefícios que muitas das descobertas ou invenções tecnológicas têm produzido a favor da criatura, não nos podemos furtar ao reconhecimento das largas rotas de conflito que criaram para o espírito humano.

Vendo-se maravilhado por uma novidade, logo espera-se por outra que a supere.

Iludindo-se com o aglomerado humano das grandes cidades, nas quais se pensa encontrar maiores recursos e oportunidades de crescimento, o Homem se depara também com o acúmulo de egoísmos mais atrozes, injustiças mais cruéis, indiferenças maiores, pois se é verdade que as riquezas se multiplicam, também é correto constatar que os defeitos morais se avantajam em número e qualidade.

Outrora, quando havia menos tecnologia, menos pessoas padeciam à mingua, pois havia tempo para se lhe conhecer o drama e amparar a criatura com algum alimento ou atenção que evitasse o desastre fatal.

Hoje, pessoas morrem em suas casas sem ajuda de ninguém e só são descobertas quando o mau cheiro aponta para a tragédia consumada.

Sim, a pobreza sempre existiu em todas as épocas da humanidade. Todavia, podemos afirmar com convicção que a indústria da favela, a cultura da moradia debaixo das pontes, a prática do garimpo do lixo em busca de víveres é edificação dos tempos atuais, onde encontramos os mais belos aparatos eletrônicos e os mais tristes quadros do coração indiferente.

A velocidade do crescimento, atropelando as criaturas, impõe-lhes o medo de sucumbirem diante de um adversário invisível.

Outrora era a possibilidade do atropelamento da carroça ou do automóvel lerdo que transitava quase que como um objeto extra-terrestre pelas ruas.

Hoje, teme-se sucumbir ante o atropelo do veículo invisível das mudanças rápidas e violentas; o medo de se ver suplantado pelo outro que aprendeu mais coisas e mais rápido; o temor de perder o espaço de trabalho, o lugar na sociedade, o respeito e a consideração daqueles com quem convive por não saber como lidar com modificações aceleradas e absolutamente radicais.

Num mundo onde mais de dois terços dos habitantes têm o sonho singelo de ter dois pratos de comida por dia e algo para vestir, deve-se perguntar se esse ritmo alucinante de viver está beneficiando àqueles que têm de se submeter a ele.

Essa ansiedade que a maioria vive sem saber por que, produzida por uma rotina que ela não criou e que espalha o temor por todos os lados; o medo de se ver desatualizado, o receio de estar na retaguarda da vida e se perder no poeiral levantado pela massa humana que corre em desespero sem saber o rumo, apenas porque alguém gritou que era para seguir por ali em correria..., será algo natural?

A tentativa de solução dos conflitos emocionais no balcão da farmácia, ao invés de encontrar alento no enfrentamento das realidades, acreditando-se que a química pode mudar a alma, entre tantos outros desafios, tudo isso piora a vida íntima em pleno berço dourado das facilidades eletrônicas.

A ansiedade é o fruto amargo da produção de ilusões e da manipulação das vantagens da tecnologia por um Homem distanciado de Deus e dos princípios de respeito às leis do Universo.

E em que pese ser obra de crescimento material a merecer todos os elogios pelos grandes benefícios que produz no padrão material da vida, não podemos deixar de reconhecer que nunca existiram tantos seres humanos desalentados, com receio de saírem de suas casas, com medo de viverem em sociedade, com angústias desconhecidas, com conflitos e insatisfações emocionais a se perguntarem sempre: qual será o desastre de amanhã que afetará minha existência?

Que recurso adotar diante de tal problema?

Naturalmente, o mundo invisível não apregoa um retrocesso ao tempo do fogão à lenha.

Acercar-se de Deus de forma essencial, não se deixar levar pelo tumulto que faz ruído à nossa volta e viver os ideais e princípios pessoais nos quais se acredita como se nada mais no mundo fosse tão importante, eis o conselho do Cristo.

Reconhecer-se útil e produtivo nas coisas mínimas da vida preencherá o equilíbrio emocional com o combustível da crença em si mesmo e na própria capacidade de vencer.

Cultive um jardim e veja as sementes produzirem as flores que embelezam a sua vida.

Se não tiver um jardim, cultive um vaso e observe o perfume dos temperos que odorizarão o seu alimento.

Não se preocupe tanto com notícias de tragédias, pois todos os Homens só passarão por aquilo que precisarão enfrentar na ordem da Justiça Divina.

Os números e indicadores econômicos sobem e descem ao sabor dos interesses dos que manipulam as massas em busca de vantagens e lucros sempre maiores. Não entre na roda de desequilíbrios coletivos. Gaste melhor o seu tempo em busca de entretenimento mais sadio e construtivo para sua própria paz.

Enfim, não se esqueça de que, na sabedoria da natureza, um cavalo preferirá um prato de milho a um prato de diamantes...

Saber viver na paz que se almeja combatendo a ansiedade é uma questão de saber desejar o que vale a pena e escolher outro ritmo de vida que seja mais compatível com o equilíbrio espiritual que nos pede reflexão, madureza e sensibilidade na busca da realização da alma.

Respeitar e admirar os avanços da ciência sem aceitar ser massacrado por eles significará saber escolher.

Desejar ter coisas, aparelhos, objetos cada vez mais modernos poderá ser um sonho que cresce no imaginário. No entanto, perguntar-se a si mesmo se essas coisas serão necessárias a ponto de valerem o esforço de consegui-las e a ansiedade que causarão até que sejam conquistadas é uma pergunta essencial para a paz interior.

Façamos um cadastro das coisas inúteis que estão em nossas casas e que se compraram graças à ansiedade de se possuir uma novidade em lançamento.

Máquinas que ficam mais paradas do que em funcionamento, aparelhos que se colocam como peças de decoração, roupas que ficam penduradas por meses ou anos em armários ou encerradas em gavetas....

Todas elas são preocupações inúteis, esforços perdidos, tempo desperdiçado, ansiedade acumulada, células orgânicas sacrificadas pelo bombardeio de sentimentos descontrolados.

Aprendamos, com a sabedoria da natureza, a escolher o que nos é mais útil ao que nos pareça mais sedutor.

Eis aí um gesto de equilíbrio diante do avassalador ritmo de caminhada da vida atual.

Estar no mundo sem pertencer ao mundo, ensina o Evangelho.

Percebamos que acercar-se dos ensinamentos enobrecedores dessa Boa Nova significará uma conquista de paz no oceano dos problemas. Fazer das palavras vívidas de Jesus o roteiro de elevação e o remédio para nossos problemas permitirá a modificação da velocidade de nosso trajeto, a fim de que nos lembremos da velha fábula que ensina, na comparação da rapidez da lebre e da morosidade da tartaruga, que nem sempre o que é mais rápido chega antes ao destino...

Nem sempre o que mais corre chega na frente...

Por isso, Jesus já advertia em Mateus 6: 19 a 21/ 25 e 26:

"Não ajunteis para vós tesouros na Terra, onde a traça e os carunchos os corroem, e onde os ladrões arrombam e

roubam. Entesourai-vos tesouros no céu onde nem a traça nem o caruncho os corroem e onde os ladrões não arrombam nem roubam. Pois onde estiver o teu tesouro ali estará o teu coração."

"Por isso vos digo: não vos inquieteis por vossa vida sobre o que haveis de comer, nem por vosso corpo sobre o que haveis de vestir. Não é a vida mais do que o alimento e o corpo mais do que o vestido? Olhai as aves do céu: não semeiam nem ceifam nem recolhem em celeiros, e vosso Pai celeste as alimentam. Não valeis vós muito mais do que elas?"

11

DIANTE DE PROBLEMAS ESPIRITUAIS

No período em que os povos se esforçam para o acúmulo de bens materiais e cuja liderança no mundo se patenteia por uma ascendência da razão e da lógica, tais condutas do Homem deveriam levá-lo, certamente, a aprofundar o pensamento e as indagações acerca de todas as coisas.

Escolas que se multiplicam, universidades que crescem e se espalham, institutos de pesquisa e de fomento à cultura, cursos de todos os matizes se impõem aos que habitam a Terra de hoje como a dizer da necessidade de modificação e melhoria.

E, não obstante tais verdades louváveis, a aculturação do cérebro tem tido como pressuposto o esfriamento do coração.

Imporem as exigências, ditas lógicas, a impor ao que busca o conhecimento do intelecto toda a abstenção da sua realidade espiritual, que seria, segundo as atuais concepções, ranço das religiões fanatizadas.

E se há estes cientificistas que se arrojam por este caminho, não faltam os que, firmes na realidade herdada de seus antepassados, são grandes gênios no pensamento ao mesmo tempo em que se comportam como crianças na fé.

Não serão, porventura, os mesmos neurônios que se exercitam nos vôos das análises racionais e os que se coloquem em contato com as realidades da alma?

Estariam ativados no primeiro caso e desativados na segunda situação, como se para as coisas da fé a pessoa abdicasse do poder de pensar e refletir?

Diante de um fungo novo que ataque uma pequena plantação, atiram-se os estudiosos em busca de solução e se dedicam a buscar a causa invisível de tais alterações nas plantas inocentes.

Recolhem amostras, estudam-nas ao microscópio, cultivam os agentes em laboratórios avançados, preparam princípios contrários para combater as causas, vencendo, assim, tal adversário sorrateiro.

E, no entanto, este mesmo indivíduo que se comporta tão lógica e racionalmente na tarefa de buscar a causa invisível para os problemas visíveis que atacam as folhas, se vê atarantado com problemas familiares.

Não percebe os "fungos" que estão atacando as criaturas no ambiente doméstico. Aqui um filho mais nervoso, um outro mais irritado ou com modificações de comportamento.

Mais ali, alguém não consegue dormir direito ou tem, insistentemente, sonhos aflitivos e assustadores. Surgem enfermidades cujos sintomas não correspondem a nenhum agente causador.

Em todos os lugares as situações dessa natureza apontam para a existência de "fungos psíquicos" que se manifestam nas folhas humanas pedindo algum exame. Mas quando os exames médicos se demonstram inúteis para qualquer diagnóstico ou para qualquer solução, se colocam os Homens confundidos.

Afastados das coisas da fé, como se o Espírito fosse feito de carne e na matéria encontrasse todos os elementos básicos de sua identidade, os pseudosábios limitam-se a trocar de médicos ou improvisar remédios químicos como se a farmácia fosse o paraíso prometido por Deus aos seus filhos diletos.

Para muitos, qualquer sugestão de buscar apoio espiritual é encarada como uma ofensa ao seu poder intelectual ou à sua capacidade de pensar com razão.

– Aceitar coisas invisíveis e que não posso avaliar ou compreender? Que absurdo para a minha capacidade... – pensam alguns. Outros se colocam amedrontados sobre quais seriam as opiniões alheias acerca de sua conduta frágil, vergando-se às coisas do espírito.

Deste modo, esquecem-se de que os fungos das folhas verdes também eram invisíveis e incompreensíveis, mas graças ao estudo sistemático e sério puderam ser conhecidos, compreendidos e tratados para serem vencidos.

Assim, com as coisas da alma.

Princípios invisíveis, mas tão concretos como os tijolos que edificam as paredes de nossas moradias terrenas, erguem-se para envolver a todos, os homens e os espíritos numa única e grande Humanidade.

Desequilíbrios emocionais, produzidos por traumas pessoais sobre os quais os invisíveis se agregam, produzindo uma piora significativa no estado íntimo, são coisas mais comuns do que fungos em folhas de verdura.

Criaturas que estão com o seu estado de ânimo em constante modificação, ora insatisfeitas, ora eufóricas, sempre sem motivo justo que seja considerado causador de tal movimento cíclico, se não estão sendo vítimas de um processo biológico de desequilíbrio hormonal ou metabólico, para os quais a medicina avançada de hoje tem recursos para a averiguação imediata, fatalmente estarão suportando a ação invisível que, aproveitando-se de brechas na vigilância individual, se apresentam aumentando as disfunções iniciais e causando tais modificações drásticas na personalidade.

Onde está a sensatez que, naturalmente, pediria se proceda para com as coisas do Espírito com o mesmo senso de pesquisa que os Homens usam para salvar a lavoura de abobrinhas?

Serão os legumes mais dignos de estudo do que as almas?

Apenas pelo seu caráter de bem de consumo, de se prestarem ao comércio e ao enriquecimento de alguém é que merecem os legumes mais destaque que os espíritos?

Aos problemas das verduras e sementes o Homem destina os laboratórios sofisticados, as divisões agrícolas de grandes empresas para estudo e solução.

Aos problemas da alma, o Homem possui opções que lhe permitiriam solucionar o problema a um custo ínfimo.

A principal delas seria recorrer à busca das causas de tais problemas no entendimento da complexidade dos fenômenos da alma, através da compreensão das leis que nos regem e que falam sobre as inter-relações entre os dois mundos, não mais através do velho e desgastado conceito de diabo, tão inexistente, em termos lógicos, quanto a Terra como centro do Universo em termos astronômicos.

Se há muitas correntes religiosas que falam da alma, todas nobres e respeitáveis, aquelas que enfoquem a alma pela sua realidade objetiva, que possua aparelhos de auscultação, microscópios que mergulhem na intimidade do mundo invisível, exames que verifiquem o grau de infestação da enfermidade psíquica, procedimentos metódicos que ataquem o problema de maneira direta e, combatendo a questão pessoal de modo pacífico e efetivo produza a explicação necessária para o seu tratamento objetivo, poderão ser consideradas as mais preparadas para enfrentar tal desafio.

Não bastará pois, ajoelhar-se ou participar de rituais distanciados da seriedade necessária para combater o mal.

Seria como regressarmos aos períodos da inocência tribal que buscava combater a tuberculose com danças e rituais de fumaça.

Por tal motivo, afirmamos que, para tais questões da alma, há soluções tão ricas e tão confiáveis quanto os resultados laboratoriais de um grande instituto de pesquisa científica.

E encontrar o caminho que, amparado na metodologia do Cristo, esteja preparado para bem auxiliar é o dever de todo o indivíduo que da sua cultura faz mais do que um elemento de demonstração pública para admiração dos ingênuos.

Aplicar o desejo de compreender as coisas na busca da verdade propiciará que mais vítimas dos "fungos psíquicos" encontrem a explicação e o tratamento adequados em casas de amor e entendimento espirituais, através dos métodos desenvolvidos pela orientação espiritual superior codificada por Allan Kardec.

E quanto mais isso ocorrer, menos pessoas serão vítimas da outra solução "dita sensata" preconizada por pessoas preconceituosas ou sem capacidade de compreenderem a própria insensatez: O SANATÓRIO.

A casa de loucos continua sendo o depósito de

gente passível de ser tratada por outros meios que não o choque elétrico e o coquetel químico pesado.

Mas por que motivo os que levam folhas aos laboratórios encaminham pessoas aos hospícios?

Onde estará a insensatez?

E qual será a criatura mais sensata? Aquela que não tem cultura, que nunca estudou e que, diante de problemas físicos ou emocionais que o médico não consegue corrigir procura o benzedor perto de sua roça para lhe pedir um benzimento ou o estudado cidadão que, nas mesmas condições procura levar o desequilibrado sem tratamento ao manicômio?

O Divino Amigo não cansou de afastar perturbações de muitos que sofriam de tais problemas a fim de que os que se acham conhecedores percebessem o tamanho de sua incongruência perante as coisas do espírito.

Não nos esqueçamos do caso do possesso Geraseno, em Lucas 8, 26-37.

Obsedado por um grande contingente de entidades que o faziam adotar procedimentos anormais, fora relegado pela comunidade em que vivia a proteger-se nas tumbas do cemitério. Ali vivia, desnudo e no abandono, sem ajuda daqueles que, por comodidade, haviam solucionado o problema banindo o dito "endemoninhado" para longe de suas vistas.

Jesus, passando por ali, aplica-lhe o tratamento magnético do Amor e as entidades responsáveis pela alteração de seu comportamento através da simbiose fluídica se vêem compelidas a se afastarem dele e projetam-se sobre os corpos físicos dos porcos da redondeza que, seja por terem recebido a carga densa de tais entidades, seja por sentirem, os animais, o envolvimento de entidades, escuras e necessitadas que lhes assustou e gerou a fuga imediata, atiraram-se pelo penhasco e perderam a vida.

No entanto, o pobre indivíduo estava curado e assim permanecendo pelo resto de seus dias saiu pregando as maravilhas de Jesus por toda a Decápole.

Mas os moradores da cidade, os que haviam, com toda sua capacidade cultural destinado aquele infeliz ao isolamento do cemitério, os mesmos que eram os criadores dos porcos, como reagiram à cura quase que "miraculosa" do homem que eles abandonaram?

Ficaram felizes, agradecidos, contentes com a presença de um Messias tão generoso entre eles como seria de se esperar?

Levaram-Lhe outros enfermos para que fossem curados? Procuraram acercar-se Dele para ouvir as Suas lições?

Não.

Simplesmente expulsaram-No dali porque não desejavam perder mais porcos...

E Jesus se retirou... deixando os porcos entretidos com suas lavagens e os homens entregues aos seus argumentos insensatos.

12

O ESFORÇO RECOMPENSADO

Nos caminhos humanos, não se pode cogitar que os desafios são imposições punitivas provenientes de um Pai Amoroso.

Da mesma maneira que o Homem se empenha em conquistar um objetivo através da edificação de uma empresa ou indústria, a existência pode ser comparada ao emprego tão almejado por todos os que necessitam manter prole ou família.

É necessário existir uma empresa, um responsável e regras que a organizem.

Em geral os candidatos a funcionário não sabem quanto custou construí-la e mantê-la. Apenas são candidatos ao emprego.

Para que se compreendam os objetivos produtivos e se coloque em marcha a atividade que os conquiste, lá estão regras que valem para todos.

Assim, hora de entrada, de almoço e de saída, regras de organização de materiais, exigência de uso de aparatos de segurança como óculos, capacetes, máscaras, roupas especiais, disciplinas de conduta e comportamento coletivo, tudo isto é inerente ao processo de produção.

Naturalmente, cada sessão da empresa terá as suas exigências especiais.

Na área administrativa, as regras da contabilidade e do direito prevalecerão.

Na área da produção, o contato direto com o calor, o ácido, a solda, a eletricidade, a máquina pesada.

No almoxarifado, a exigência de organização, disciplina, previsão.

Na cozinha, o fogo, o tempero, as grandes panelas, as medidas e os desafios de alimentar o grande contingente de trabalhadores.

De todas as maneiras e em todos os lugares, há desafios e problemas diferentes para a realização do objetivo de se produzir o mesmo e determinado bem.

E, por maior que seja a empresa, todos sabem quando a cozinheira exagera no sal ou deixa passar o ponto da carne na panela.

Se a administração se equivoca, todos percebem quando o pagamento chega com o valor errado.

Se o almoxarifado distraído não se dá conta de que determinado item necessário à produção acabou, toda a empresa pára.

Se algum funcionário da produção não adota as

posturas de segurança adequadas ou, indisciplinado, desconsidera as ordens estabelecidas e as rotinas técnicas passando a fazer as coisas à sua maneira, poderá danificar o equipamento caro e importante, prejudicando o esforço de todos os seus companheiros até que se conserte o dano.

Daí, se é verdade que as leis são válidas para todos e que cada um se insere nessa estrutura sem imaginar que seja tão importante, também é realidade que qualquer equívoco de um singelo funcionário repercutirá na ordem coletiva.

E se existe essa constatação para os equívocos, ela também ocorre no caso contrário, quando o indivíduo se demonstre um funcionário exemplar.

Ao que não se ausenta, que se multiplica, que se dedica com esmero e carinho ao que faça, ao que é atento e produtivo, os mecanismos naturais se dão conta de sua capacidade e lhe destinam um tratamento diferenciado, seja na condição de funcionário de determinada área, tornando-o chefe do grupo, seja na estrutura da empresa, fazendo-o crescer por seus méritos e exemplos.

O dirigente ou o dono do negócio conhece o quadro de seus funcionários ainda que estes nem imaginem que são conhecidos por ele. Tanto que se surpreendem quando, por seus acertos ou por seus desacertos, acabam recebendo as conseqüências positivas ou negativas de suas condutas.

Muitas vezes, nas empresas bem administradas, o proprietário é o primeiro que chega, antes mesmo do horário de entrada definido para os empregados e o último que se ausenta por estar obrigado a solucionar problemas múltiplos de diversos setores, dos quais os funcionários nem fazem idéia da complexidade nem teriam meios de solucioná-los.

Ou seja, o próprio dono se submete às leis que são comuns para que todos vejam nele o exemplo a ser seguido, sem o que se sentiriam estimulados a transgredi-las também.

Quando falamos de objetivos de vida, aos quais a alma se vê lançada quando retorna ao corpo físico, podemos traçar esse paralelo natural.

A Terra é a empresa.

A vida na Terra representa o emprego nessa grande empresa com seus diversos departamentos e áreas de produção.

O Criador é o empregador generoso e vigilante que estabelece os objetivos e define as regras que valem para todos e que permite o nosso trabalho nas diversas áreas de ação.

Nos sustenta com o ar límpido, a água pura, o sol que mantém a vida aquecida, os recursos básicos para a produção do alimento através dos minerais do solo, dos combustíveis em geral, da riqueza dos oceanos, do frio dos pólos no equilíbrio térmico, das diversas estações, dos diversos tipos de plantas adequadas a cada clima e a cada região do planeta, etc.

Fixa o momento do ingresso, pelo nascimento, e o momento do final do expediente, com a morte física.

Mantém a administração com os cálculos e procedimentos perfeitos para que não faltem nem o menor centavo ao esforço natural. Assim, os recursos energéticos são oferecidos a cada segundo em benefício dos operários da vida.

Não lhes faltará a cota de equilíbrio orgânico mínima para que desenvolvam alguma atividade e, ainda que o operário se sinta algo abatido por qualquer problema físico, não estará impossibilitado de fazer alguma coisa, mesmo pequenina e aparentemente sem importância.

O coração recebe o salário da energia para seguir pulsando sem que nem lhe percebamos o esforço ou lhe sintamos o cansaço.

O sangue corre pelas vias quilométricas do corpo sem exigir maiores atenções. O fígado procede aos importantes processos de manutenção da vida, de geração de elementos-força e de desagregação das unidades sangüíneas danificadas ou velhas que nele encontram a última morada.

Os pulmões bem assalariados, não interrompem o trabalho de troca gasosa mesmo quando o operário descansa através do sono. Os rins, da mesma forma, seguem corajosos e trabalhadores, limpando o organismo dos resíduos perigosos e mortais que se produz no processo de manutenção da vida.

Ossos dão força e sustentação ao esqueleto que transporta o operário sem nada cobrar-lhe.

A rede neuronal e hormonal atenta se mantém em vigilância absoluta para prevenir e resolver problemas emergenciais de cada segundo, oferecendo os melhores recursos ao trabalhador.

Desta maneira, todas as estruturas nesta grande empresa são organizadas para beneficiar o trabalhador na realização de sua tarefa na área em que se encontre.

Por isso, na esfera das obrigações do indivíduo, ele se encontra na atividade em que poderá dar o melhor que possui. Variarão, de trabalhador a trabalhador, as exigências e as disciplinas em função da área em que se acha inserido, pois os da produção não fazem as mesmas coisas que os do almoxarifado. Os da cozinha não se equiparam nas tarefas aos da administração e assim por diante.

No entanto, aos que mais perseverarem, aos mais dedicados, aos mais empenhados em fazer tudo o que puderem na área em que estiverem, que não se entregarem às lamúrias e às queixas surgidas no embate do próprio trabalho, as leis naturais saberão reconhecer o empenho e o esforço silencioso, o desejo de superar-se e, em homenagem a tudo isto, muitas vezes chegará a promoção ao que for reconhecido como o mais devotado.

Todos os funcionários poderão ser enquadrados nessa possibilidade. Não há eleitos ou favoritos. Existem apenas os que querem, esforçando-se para isso, e os que se acomodam ao seu servicinho, criando uma rotina e a ela se submetendo como se isso lhes fosse suficiente e estivessem cumprindo o seu dever.

Naturalmente, aos que aproveitam o seu emprego e colaboram no nível da normalidade da maioria, lhes será garantido o natural reconhecimento coletivo destinado à grande massa, recebendo o salário, os materiais para a tarefa cotidiana.

Mas qualquer tratamento diferenciado que desejarem, precisarão saber que será necessário diferenciarem-se também na linha de suas tarefas.

Sem isso, se enquadrarão nas leis que regem a maioria dos operários.

E, ao contrário, se se deixarem transformar em um perigoso elemento no interior da empresa, mecanismos naturais lhes garantirão seja o afastamento do trabalho, seja o procedimento que venha a corrigir-lhes os atos, seja a suspensão de determinados recursos pessoais para que aprendam a meditar o quanto tais recursos são importantes e lhes fazem falta.

Agora, aos que se dedicam com esmero, ainda que seja na pouca tarefa que possam desempenhar, não importando que estejam na área da limpeza, da cozinha, da jardinagem, da manutenção, da administração, etc, a eles se entregará o prêmio pelo seu esforço pessoal, na diferenciação que criaram através do devotamento à causa coletiva.

A árvore que mais produz merece maior atenção do pomicultor.

A vaca que fornece mais leite merece maior carinho do leiteiro que a manterá com maiores recursos de alimento e proteção.

É da lei do Universo e da empresa chamada Terra que se garantam aos mais dedicados, melhores condições, maior auxílio em seus problemas, mais amparo em suas dificuldades, maior paciência dos superiores com suas dúvidas, pois no montante de todos os trabalhadores, estes se destacam por representarem a pequena proporção eficiente no meio dos indiferentes.

Jesus demonstrou isso em inúmeras vezes à vista de todos os circunstantes para que entendessem que o esforço sempre será recompensado segundo as leis justas e sábias que nos governam.

Assim encontramos em Marcos 2: 1-5 e 12 a referência ao reconhecimento pelo esforço e desejo de buscar as coisas de Deus:

> ***"Alguns dias depois, entrou novamente em Cafarnaum. Soube-se que ele estava em casa e acorreram muitos, de tal forma que não havia mais lugar nem junto à porta. E ele dirigia-lhes a palavra.***
>
> ***Levaram-lhe então um paralítico carregado por quatro pessoas. Não podendo apresentá-lo a Jesus, por causa da multidão, descobriram a casa, sobre o lugar onde ele se achava e, fazendo uma abertura, desceram a maca em que jazia o paralítico. Jesus, vendo-lhe a fé, disse ao paralítico: "Filho, teus pecados te são perdoados".***
>
> ***No mesmo instante, levantou-se ele, e, tomando o leito, partiu diante de todos, de tal forma que todos se admiravam e davam glória a Deus dizendo: Jamais vimos coisa igual".***

Aos que se superam e se esforçam, tratamentos compatíveis com seus méritos.

Não nos consta que naquele dia mais alguém tenha sido curado como esse homem...

13

OLHOS DE VER

Entre os desafios da vida atual encontramos o de ver e discernir a realidade.

Máquinas de ilusão são acomodadas confortavelmente no interior dos lares.

Iludem os anseios com propostas sedutoras e caras, impondo gastos maiores do que o desejável.

Iludem os sentimentos com ofertas de felicidades sem responsabilidades, aumentando as frustrações do coração.

As pessoas confundem, assim, a realidade com a fantasia e, por isso, seguem sempre com dificuldades para ver o que é real.

Quando se apresenta a situação que pede escolha segura e opção serena, os olhos acostumados a verem a vida por um prisma adulterado, não se sentem confiantes em orientar o pensamento para a escolha mais adequada.

Os recursos modernos da ilusão fazem com que

pessoas e mais pessoas recorram a todos os tipos de procedimentos para maquiarem a verdade e produzirem o engano.

Não nos referimos a tal fato com azedume na alma. Todavia, por um desejo de alerta não poderíamos deixar de abordar tal comportamento que aliena sempre mais do que conscientiza.

Assim, os modismos, as fantasias a que os Homens denominam vestimenta, os apetrechos da maquiagem, as técnicas da plástica e da modelagem física, os procedimentos do culto a um corpo mais do que o culto à saúde do corpo propiciam aos indivíduos a construção de condutas dúbias e transformam os gestos em estudados esquetes através dos quais a criatura, antes de ser ela mesma, passa a interpretar um "personagem específico", segundo o interesse que lhe domina.

Por todos estes caminhos que afastam o ser de sua verdade pessoal, que imporia o enfrentamento de si próprio sem nenhum recurso à fuga em busca de trajetos mais amenos, a alma se vê despreparada para avaliar a realidade com olhos de objetividade capazes de captarem todas as nuances da verdade objetiva.

Assim, são levadas as criaturas a se afastarem da advertência evangélica que recomenda conhecer cada árvore pelo seu fruto (Lc. 6, 43-45).

Com a capacidade de discernir, muitas pessoas se afastariam das perigosas armadilhas que as próprias criaturas criam para si mesmas e nas quais acabam presas e enredadas.

Quando os olhos se comprazem em distorcer a

realidade, as opções do raciocínio já são exercitadas de modo viciado pelo erro desde os fundamentos.

As muitas frustrações do sentimento e da vida são produzidas em grande parte por este estrabismo voluntário de olhos sadios.

As questões da alma, muitas vezes, são igualmente relegadas a uma forma falseada de entendimento, segundo o interesse daquele que está buscando explicações.

Muitos andam procurando lugares que lhes apresentem um Evangelho interpretado segundo as suas conveniências.

Como se fosse possível existirem várias Boas Novas dentro da única e verdadeira mensagem espiritual autêntica, os olhos querem enxergar e os ouvidos escutar aquilo que lhes permita compatibilizar o modo antigo de viver com as promessas de felicidade contidas na Carta Magna do Cristo.

Ganhar mais, ao menor custo de sacrifício pessoal, com a menor taxa de trabalho na transformação – eis um dos objetivos de grande parte das pessoas, quando se fala de ligação com Deus.

Manipulam-se ensinamentos com a mesma sem-cerimônia com que, hoje, se busca o cirurgião plástico para modificar as formas sem modificar o conteúdo.

Modificam-se os princípios mais básicos para oferecer aos olhos ansiosos as imagens que os iludirão e lhes permitirão a sensação de acerto nas escolhas pessoais.

Todavia, o discernimento mostra que continuam

valendo como verdades os mesmos e velhos conceitos que os Homens tentam burlar com seus jogos infantis.

Para os adversários... o PERDÃO DAS OFENSAS.

Para a ambição desmedida....o DESAPEGO DOS BENS MATERIAIS.

Para o acúmulo de riquezas.... o TESOURO NOS CÉUS.

Para a competição pessoal.....o OFERECE A OUTRA FACE.

Para a montanha de problemas...... a PORTA ESTREITA.

Para as dores de todos os tipos.... a FÉ EM DEUS E O AJUDA-TE.

Não há como se enganar quando os olhos estão acostumados a ver a realidade, ainda quando ela não seja aquela que se gostaria de enxergar.

O primeiro passo para modificá-la é conhecê-la. Não se consegue vencer adversário que se desconhece.

Enganar-se sobre a sua natureza e a sua realidade é negar-se qualquer possibilidade de enfrentá-la com condições de suplantar-lhe os desafios.

Como medicar-se quando não se conhece qual a enfermidade que atinge o ser?

Daí muitas criaturas perdidas na confusão dos caminhos e na dificuldade de discernir entre o que é o certo e o que é o errado, como se fossem incapazes de perceberem a diferença.

Afastar-se do hábito da lucidez em todas as questões da vida é condenar-se ao labirinto sem saída.

Todas as bases de compreensão possíveis estão à disposição dos homens de boa vontade e humildes o suficiente para aceitá-las como ponto de partida.

Quantos avarentos que se escondem sob o manto da ... previdência.

Quantos orgulhosos se consideram apenas ... zeladores de tradições.

Quantos ditadores domésticos que se consideram... dedicados homens de responsabilidades.

Quantos fanáticos que se crêem... servos fiéis nas diversas religiões do mundo.

Quantos vaidosos que se desculpam com a moda, quantos belicosos que se justificam com a necessidade de se protegerem dos maus. Preguiçosos que assim se mantêm com a desculpa da prudência, devassos que se aceitam e se contentam com o terem muito amor para dar.

Olhos de ver, fala Jesus.

Olhos de não enxergar, preferem os homens.

Por desejarem vulgarizar todas as nobres verdades que pediriam profundas transformações, as pessoas, conquanto digam que as admiram em profundidade, não lhes permitem espaço no íntimo de suas almas, negando-lhes, na prática, qualquer reconhecimento.

Banalizar a verdade a ponto de torná-la sem profundidade e, por isso, desprezível ou desacreditada – eis a técnica sutil de se manter igual a como sempre se foi, no curso da vida, sem exigências desconfortáveis ao caráter, acostumado ao menor esforço.

Com tais comportamentos, pensam que poderão seguir estrada afora sem tropeços nas pedras a que não deram atenção, sem quedas nos buracos que não desejaram ver, sem ferimentos nos espinhos que fizeram de conta não serem existentes.

E acordarão feridos pelas pedras, caídos ao solo nas valas do caminho e cortados pelos espinhos que, na sua natural e palpável existência verdadeira, trarão o Homem à consciência de si próprio para reconduzi-lo à estrada da razão e da verdade que sempre esteve à sua frente.

Por isso a mensagem de Jesus em Marcos, 6, 1-4, que alerta:

> ***"Partindo daí, foi à sua pátria. E os discípulos o seguiram. Chegado o sábado começou a ensinar na sinagoga. Os presentes, ouvindo-o, admiravam-se de sua doutrina e diziam: Donde lhe vem tudo isso? Que sabedoria é essa que lhe foi dada? Que obras maravilhosas são essas realizadas por seu intermédio? Porventura não é este o carpinteiro, o filho de Maria e irmão de Tiago, de José, de Judas e de Simão? Por acaso suas irmãs não se acham aqui entre nós?***
>
> ***E escandalizavam-se por causa dele.***
>
> ***Dizia-lhes então Jesus: Não há profeta sem honra, a não ser em sua própria pátria e entre seus parentes e em sua casa."***

14

VERDADEIRA ALEGRIA

As lutas do dia-a-dia podem levar os corações a se deixarem amargar e considerarem a finalidade de viver como sendo a de produzir mais lágrimas do que sorrisos.

No entanto, podemos dizer sem medo de exageros que a vida é um grande convite à alegria.

A vida sorri cada manhã e não há hora do dia em que o Sol esteja mais brilhante e sereno do que esta.

Sorriem os pássaros que acordam e se deixam levar pela alegria das algazarras matutinas.

Sorriem as folhas molhadas pelo orvalho noturno que as abastece de umidade para enfrentar as tarefas do novo dia.

Flores matutinas desabrocham, ares renovados em brisas frescas penetram os ambientes que se abrem depois da noite escura.

Renova-se a oportunidade da vida através do

corpo descansado que serve de veste ao espírito para as suas experiências evolutivas.

Assim, a vida se manifesta em constante alegria, como o zumbido das abelhas que reiniciam o trabalho de produção do mel e que, apesar da árdua tarefa que as aguarda, possibilitarão a transformação dos elementos simples recolhidos em uma das matérias mais substanciosas da natureza.

Eis a alegria maior: retomar a vida e seus problemas que desafiam as capacidades, mas que educam o espírito.

E, ao considerarmos a postura mental da maioria dos Homens logo de manhã, podemos dizer que se assemelha a uma gota de fel que se perdeu no meio dos favos repletos de mel.

A possibilidade de construir nosso destino representa honrosa oportunidade de sermos co-autores da obra do Universo.

Deus não desejou que tivéssemos um lugar secundário na grande empreitada cósmica. E se é verdade que não necessita de nossas ínfimas capacidades até agora desenvolvidas ao custo de erros e deslizes, também é verdade que nos colocou na condição dos que poderemos colaborar na obra, na dimensão de nossas capacidades.

Convidou-nos, assim, não para sermos espectadores, mas sim, agentes na grande obra.

Embelezar a vida com um gesto de nobreza – eis a grande possibilidade criativa de nossas almas.

Não mais a atitude predatória de tantos séculos, na destruição e no crime, em nome de doutrinas religiosas ou políticas partidaristas e claudicantes.

Agora, conscientes de tal poder inerente a todos os seres criados, avulta à nossa frente a possibilidade de alegrarmo-nos com as tarefas que amparam, edificam, reerguem, embelezam.

Não mais a condição de roedores da Terra. Agora, a de co-edificadores do planeta.

E o fato de termos este tão importante trabalho deverá nos fazer acordar todas as manhãs como quem retoma as riquezas que deixara no dia anterior para as aplicar na sua multiplicação.

Imaginemos a alegria de produzirmos um outro ser que saiba tanto quanto nós mesmos, repartindo conhecimentos e oferecendo-os a outrem. Dividir para multiplicar.

Sintamos a ventura de fazer alguém feliz, dando-lhe motivos para sorrir e secar as próprias lágrimas.

Desfrutemos a satisfação de espalhar esperanças no caminho alheio, como quem caiu do céu na hora certa para servir de base aos mais fracos e tentar impedir as quedas humanas.

Entender a alegria da vida como oportunidade de preencher os espaços entre as pessoas com o algodão da compreensão e da amizade desinteressada significará ter prazer de viver e desejar estar na Terra por mais largo tempo.

Evitar toda a conduta que possa estragar tal satisfação será o esforço cada vez mais presente na atmosfera pessoal daquele que sabe o quanto vale a alegria de viver.

Saber compreender a pessoa irritada e oferecer-lhe mecanismos para que se acalme será desafio estimulante para os que sabem que uma pessoa a mais em equilíbrio representará centenas de outras mais felizes, pois nossa vida se mistura na vida de uma grande gama de criaturas.

Estar buscando escutar os desabafos da insatisfação alheia sem o desejo de doutriná-los ou julgá-los é gesto tão fértil e criativo quanto o semeador no ato da sementeira.

Ajudar os que necessitam sem que eles tenham de pedir qualquer auxílio será uma satisfação por vermos a alegria voltar aos rostos macerados pela dor ou pela desilusão.

E se a indústria da pobreza e da necessidade estiver fazendo com que o impulso de ajudar esfrie nos corações, aquele que sabe que a alegria pertence ao que oferece não se permitirá empobrecer apenas porque alguém está usando de mentiras para ganhar a vida.

Ainda que não colabore materialmente com os que transformaram a necessidade em uma fonte de renda ou de negócio, aquele que sabe da alegria saberá entregar ao indivíduo que assim se comporta algo de bom de sua alma que possa servir como riqueza. Uma palavra, um conselho, um gesto de cortesia, um sorriso que acompanhe o "não" que pronunciará. Uma prece que elevará a Deus por esta criatura....

De todas as maneiras, a vida lhe garantirá oportunidades para a semeadura e, em cada uma delas, a alma será a melhor beneficiária dos gestos de carinho que oferecer.

Descobriremos que nossa vida tem um sentido nobre e profundo, muito mais amplo do que aquele que nossas idéias supunham e que nossos interesses materiais apontavam.

Nós constataremos que somos aparelhos divinos de produzir alegria na vida dos outros e que é nisso que consistirá a nossa realização e a nossa felicidade.

A nossa essência se confirmará quando aceitarmos tais funções e nos dedicarmos a elas.

Não dependerá dos que recebam a alegria que oferecermos, nem dos que sorrirem por nossa causa, nem da esperança que lhes chegar por nosso intermédio, nem da transformação que realizarem por motivo de nossa intervenção.

Nossa alegria não dependerá de nada externo ou dos resultados de tal empenho.

Ela dependerá apenas do fato de estarmos fazendo aquilo para o que fomos projetados. Teremos descoberto a nossa real finalidade na Terra e estaremos nos conduzindo segundo os planos que foram feitos quando de nosso regresso à carne.

Consistirá nisso a nossa maior alegria.

Por isso, depois de ter enviado os seus setenta e dois discípulos para pregarem a boa nova do Reino de Deus pelos diversos caminhos, quando regressam Jesus mantém com eles o seguinte diálogo (Lc, 10, 17-20):

"Retornaram os setenta e dois dizendo cheios de alegria: Senhor, em teu nome até os demônios se submetem a nós. E Ele disse-lhes: Eu via satanás cair do céu como um relâmpago. Eis que eu vos dei o poder de calcar aos pés serpentes e escorpiões e de dominar qualquer potência do inimigo, e nada vos causará dano. Todavia, não vos alegreis por estarem os espíritos sujeitos a vós.

ALEGRAI-VOS, ANTES, PORQUE VOSSOS NOMES ESTÃO ESCRITOS NOS CÉUS".

15

O PERDÃO

As questões mais íntimas, os sofrimentos mais demorados não são os que as bactérias ou as enfermidades materiais provocam.

Estes duram períodos durante os quais a criatura se vê privada do equilíbrio orgânico, mas procura medicamentos ou tratamentos que lhe possam amparar e possibilitar a recuperação.

Podem ser doenças de um dia, uma semana, alguns meses e, em alguns casos, doenças crônicas que perduram por alguns anos até.

Todavia, estas não são as piores dores, pois a medicina humana tem desenvolvido mecanismos de combate eficiente, pelas diversas técnicas conhecidas.

As mais graves dores estão à distância dos medicamentos, todos eles ineficazes para seu combate.

Atingem o âmago do espírito e produzem distúrbios que a medicina não possui recursos para debelar.

Se os Homens soubessem o acúmulo de mazelas que conseguem para si mesmos com um simples pensamento de rancor ou de íntimo desejo de vingança, ver-se-iam surpreendidos pelo tamanho do mal que podem produzir a partir de seu próprio interior.

As piores enfermidades estão no sentimento da alma, de onde são extraídos os elementos-força negativos que atingem o físico do seu criador e iniciam a devastação celular.

Se para a gripe, para a pneumonia e até para as antigas ditas enfermidades incuráveis como a tuberculose e a lepra o progresso reservou os antibióticos e outros produtos químicos que atuam e interrompem a ação letal ou destrutiva, nas questões da emoção, o Homem se encontra nos idos da lei de Talião.

O velho olho por olho domina os seus pensamentos e as suas reações imediatas, como se, numa singela comparação, a humanidade atual se deslocasse em veículos extremamente modernos, vestida com os antigos andrajos e túnicas de criadores de cabras, como no passado.

As questões ligadas a tais dores desafiam os mais estudiosos, eis que não se limitam a gerar problemas apenas na emoção. As mágoas acumuladas no íntimo, além de inacessíveis aos remédios atuais vendidos em farmácias, não produzem danos apenas na emoção das criaturas, induzindo-as a processos depressivos, abatimentos, estados de amedrontamento, de ansiedade, de nervoso.

Tais agentes patológicos da alma descem da dimensão invisível e se estabelecem também no interior dos tecidos, rompendo a harmonia relativa que existia até então.

Sorrateiramente, abrem campo para o crescimento de úlceras, para a destruição de células do músculo cardíaco, produzem estreitamento das artérias e veias, modificando a pressão arterial e propiciando, muitas vezes, o deslocamento de placas gordurosas acumuladas no interior de tais condutos sangüíneos, provocando os diversos efeitos como derrames, tromboses, etc.

Da mesma maneira, a ação nociva, constante e insidiosa de sentimentos amargos pode alimentar o desequilíbrio orgânico e produzir o surgimento de tumorações de várias naturezas, muitas das quais, extraídas pelos processos atuais da medicina e tratadas por poderosos meios de combate prolongados, tanto com a quimioterapia quanto com a radioterapia, algum tempo depois regressam, indiferentes ao próprio tratamento.

Enquanto não se descobre uma quimioterapia ou radioterapia para a alma ou uma cirurgia para extrair, à força do bisturi, os sentimentos inferiores, longamente cultivados por décadas ou mesmo séculos de rancores e mágoas, os Homens serão fábricas eficientes de enfermidades.

No entanto, Jesus aponta o caminho para o tratamento eficaz e definitivo.

Quando recomenda o perdão das ofensas, que no caráter do Evangelho significa esquecimento verdadeiro do mal que sofremos, libertamos do nosso íntimo todos os agentes mórbidos de doenças em profusão, facilitando a recuperação do equilíbrio geral.

O perdão é um dos mais poderosos antibióticos que o homem poderia usar, sem os efeitos colaterais produzidos por outros, sintetizados em laboratórios modernos.

E o que é mais importante, representa medicação acessível a todos, sem distinção de classe social, de credo religioso, de poder aquisitivo.

Podemos dizer, sem medo de estar generalizando, que aquele que é incapaz de perdoar, na verdade, não se ama.

Não é capaz de permitir que tal medicamento invisível seja produzido em seu íntimo e aplicado sobre suas próprias dores.

Por isso, acaba como um doente crônico da alma e do corpo, sem entender que poderia curar-se.

Quem não perdoa não conhece a própria identidade e despreza a capacidade pessoal de melhorar.

Daí, considerarmos que aquele que não perdoa ou não pensa em fazê-lo é uma criatura que está impedida de ingressar na condição de ser humano consciente de sua realidade.

Tem a forma de pessoa, comporta-se como pessoa, fala, age, caminha, dorme, come, como se fosse pertencente a tal condição. E, para sua surpresa, ainda não atingiu a plenitude desse estado de ser humano, eis que não se conhece e se põe a destruir-se alegando a condição de vítima.

Para entendermos como usar esta terapia superior, precisamos iniciar pela compreensão de que quem não perdoa exercita sobre si mesmo um poder destrutivo muito grave e perigoso.

Não é o ódio alheio, a inveja, o desejo de prejudicar que os outros possuem ou enderecem contra nós que poderão atingir nosso equilíbrio.

Ao contrário, ainda que ninguém nos deseje mal, nos inveje, nos queira destruir ou vencer, se mantivermos em nosso coração sentimentos azedos que nos induzem a reviver as situações dolorosas esperando a vingança chegar, nós seremos enfermos em potencial, sem ninguém colaborar para isso ocorrer. Por força de nosso próprio posicionamento mental e emocional estaremos entregues ao desequilíbrio.

Depois de estarmos conscientes de tal realidade sobre nossa essência, devemos entender que, para perdoar efetivamente, é preciso olhar para a frente.

Conhecer-se e esquecer o passado representam as duas condições que, combinadas, levam ao perdão e à saúde da alma.

Da mesma maneira que desprezamos tal terapia quando não sabemos o quanto nós necessitamos dela porque não nos conhecemos, temos dificuldade de perdoar porque nos apegamos aos espinhos, aos pântanos, ao lodaçal do passado de nossas vidas.

Preservar tais lembranças, algumas mantidas

como preciosidades por corações que se sentem felizes por não terem se esquecido do quanto foram infelizes, representa o maior obstáculo ao exercício do perdão.

Não pretendemos se desprezem as histórias pessoais, as lembranças santas que auxiliam a avaliarmos o progresso, a relembrarmos as boas coisas já vividas e aprendidas.

Para as questões do perdão, no entanto, olvidar o passado significa não trazer para o presente os detritos da emoção ferida que costumamos preservar como se estivéssemos guardando o tesouro mais caro de nossos dias.

Quem olha para a frente mais do que para a retaguarda, segue a jornada até o seu destino.

Quem olha apenas o passado não é capaz de escolher a estrada certa para chegar ao objetivo que o futuro lhe propõe.

Por isso, nas dificuldades do perdão, observe-se e veja que, apesar das dores vividas um dia, hoje você está tendo a oportunidade de reconhecer que sobreviveu à ofensa, que seguiu caminhando, que as lágrimas secaram, que as situações se modificaram.

Assim, o convite do amanhã deve ser mais forte do que as saudades do ontem, que trarão apenas amarguras e revivescerão lágrimas que os olhos já não precisam chorar mais.

Quem vive em seu passado de dores e angústias agarra-se ao lixo e sofre os constantes ataques do mau cheiro e dos insetos que a ele se agregam naturalmente.

Quantas pessoas aceitam sofrer pelo abandono, pela traição, pelas decepções amorosas, pelas tragédias materiais suportadas dois, cinco, dez, vinte, trinta anos atrás.

Não foram capazes de viver todo este tempo depois que os sofrimentos ocorreram em suas vidas?

Isso significa que é ao futuro que estão destinadas. O passado ensinou algo de bom, mesmo nas lágrimas que produziu.

O perdão libera o Homem dessa herança de desgraças.

Quando não se lhe emprega eficazmente, a sua ausência faz com que até as mágoas de muitos anos estejam vivas hoje, fazendo sofrer constantemente, ocupando uma grande parcela dos pensamentos, dos sonhos, das lamúrias, drenando forças, abatendo criaturas, enfermando constantemente.

Por isso que dissemos que quem não perdoa não se ama e não se conhece.

Olhar para o amanhã e lutar para construí-lo da melhor maneira possível representa o gesto saudável para o equilíbrio da alma na compreensão de si própria.

Que alguém possa não gostar de nós e nos desejar o mal é algo compreensível.

Agora, descobrir que nós não gostamos de nós mesmos é uma constatação absolutamente inusitada.

Quem não perdoa chega a essa realidade.

O perdão é o convite para assumirmos a nossa plenitude de seres humanos a caminho da angelitude.

Daí não ser por força de rezas ou rituais que a criatura encontrará a melhora ou a solução para suas dores físicas ou morais.

Conquanto seja útil orar, não devemos nos aproximar de Deus para ofertar-lhe um coração apodrecido no altar da prece.

Nem é justo que estejamos a rogar-Lhe coisas que nós mesmos poderíamos estar obtendo pelo exercício dos ensinamentos que o Mestre Jesus nos legou, pelo nosso próprio empenho e devotamento à verdade do Evangelho.

Isso porque não nos será lícito alegarmos ignorância acerca do dever de perdoar depois do que disse Jesus (Mc, 11, 25-26):

> ***"Quando estais em pé a rezar, se tiverdes alguma coisa contra alguém, perdoai-lhe para que também o vosso Pai, que está nos céus, vos perdoe os vossos pecados. Porque, se vós não perdoardes, nem vosso Pai que está nos céus, vos há de perdoar os vossos pecados."***

16

ESTE É O MOMENTO

A cada passo na trajetória da vida, somos defrontados por desafios e problemas para os quais desejaríamos outra hora para enfrentá-los.

Falamos sempre que as dificuldades estão chegando no momento inadequado ou que não estamos preparados para elas.

Da mesma forma, desperdiçamos grandes oportunidades junto a entes amados porque imaginamos que estaremos sempre ao lado deles.

Adiamos o momento da felicidade e de sua vivência sempre para um dia no futuro que não permitimos se concretize porque, quando volta a ocorrer, novamente não nos encontramos preparados para desfrutá-lo como deveríamos.

Gestos de afeto adiados para o outro mês. Conversas fraternas substituídas por tolices sociais que não modificam para melhor o panorama de nossas vidas. O crescimento dos filhos que se perde no cipoal das preocupações menores.

Corações que se necessitam no afeto compartilhado, mas que se mantêm famintos porque não se alimentam nem se oferecem, pois o agora está cheio de exigências que impedem um ato de amor, um momento de afetividade, uma demonstração de sentimento.

Filhos que deixam os pais velhinhos longo tempo sem serem visitados, sem conhecer-lhes as necessidades materiais ou emocionais, desculpando-se com a "correria da vida". E, no entanto, esta "correria da vida" não os impediu de freqüentarem clubes, irem a festas, distraírem-se com jogos, participarem de torneios sociais absolutamente inúteis para as coisas do coração.

Pais que se envolvem em rotinas estressantes com a desculpa de que precisam sempre de mais e mais recursos para o bem-estar dos próprios filhos e, assim, não percebem que os pequenos já estão nas fases difíceis do amadurecimento da adolescência, buscando o aprendizado fora do lar, nos conceitos equivocados de amigos mal intencionados ou mal orientados.

Cônjuges que se entregam a uma rotineira forma de viver na qual a união se transforma numa justaposição de corpos sem qualquer aproximação interior dos corações, sob o argumento de que estão muito ocupados com o desenvolvimento de suas atividades profissionais, com o investimento em suas próprias carreiras, para o progresso da família e para o benefício deles mesmos, permitindo-se viverem juntos em plena solidão.

Se é verdade que para as dores e os sofrimentos é natural que nos julguemos sempre despreparados para enfrentá-los e que deveriam se apresentar em outra hora uma vez que a ninguém é agradável a dificuldade e o desafio, por que o ser humano se comporta da mesma maneira para com todas as coisas que diz que ama e com que se importa porque lhe causam alegria?

Por que não visitam os pais envelhecidos mais vezes? Por que não brincam com os filhos enquanto estão crescendo, todas as semanas? Por que não se tratam com afeto dentro do lar e aproveitam os momentos de descanso dos problemas da vida para se sentirem queridos, mutuamente?

Se as coisas pudessem ser vividas no seu momento devido, os funerais e os velórios não estariam cheios de consciências culpadas, acusando-se de não terem feito tudo o que poderiam e deveriam ter feito.

Por que eu não fui mais vezes vê-los? Ah! Se eu tivesse estado por perto meu filho não teria estado nesse acidente e morrido tão jovem...! Como eu vou viver agora sem ela em minha vida? ... – todas são perguntas envolvidas pelas lágrimas amargas vertidas à boca do caixão, diante de uma realidade que, naquele momento se impõe para ser vivida, sem poder ser adiada.

Não nos esqueçamos que o momento é agora e que, se perdermos a oportunidade, as conseqüências de tal descaso serão recolhidas como lágrimas e amarguras por não termos desfrutado das alegrias que estavam ao nosso lado sem que as valorizássemos.

Depois que tudo passa, nem fotografias, nem relíquias, nem objetos pessoais são capazes de trazerem de volta a mesma sensação que a pessoa que partiu nos causaria se tivéssemos valorizado a sua presença junto de nós.

Vivamos como se hoje fosse o último dia. Como se não fôssemos nos encontrar mais a partir de amanhã. Façamos todas as coisas, demonstremos todos os nossos sentimentos e digamos aos que nos cercam como nos fazem bem. Deixemos que as pessoas sintam que são importantes para nós e que nos importamos com elas além das meras aparências.

O momento é agora !

Deixá-lo passar é sempre um risco de nos arrependermos amargamente e de descobrirmos que as criaturas eram muito mais importantes em nossas vidas do que nós mesmos supúnhamos.

E que, depois que as perdemos, todas as outras coisas que nos circundam perdem seu brilho, seu sentido, seu valor como se a criatura que se ausentou levasse consigo o significado ou até mesmo a lógica da nossa própria vida.

Arrepender-se, depois, das coisas que não fizemos é uma constatação amarga tanto da nossa própria falha quanto de que poderíamos ter sido felizes naqueles tempos em que reclamávamos da infelicidade.

E quando se fala da perda de oportunidades, não há outro exemplo mais significativo do que a da passagem do Divino Mestre por nossas vidas e o momento em que volta à Pátria Espiritual, como descreve Mateus em seu Evangelho, 27, 50-54:

> ***"E Jesus, bradando novamente em alta voz, expirou.***
>
> ***Eis então que o véu do Templo rasgou-se em duas partes, de alto a baixo. A terra abalou-se. As rochas partiram-se. Os sepulcros abriram-se e muitos corpos de santos, que tinham morrido, ressuscitaram. E saindo das sepulturas depois da ressurreição dele, entraram na Cidade Santa e apareceram a muitos.***
>
> ***O centurião e os que com ele estavam montando guarda a Jesus, ao verem o terremoto e tudo o que sucedia, tiveram pavor muito grande e diziam:***
>
> ***Verdadeiramente este era Filho de Deus."***

.... E, no entanto, tinham deixado passar a oportunidade,

tinham acabado de matar seu corpo, injustamente.

17

A GRANDEZA DA PEQUENEZ

Estando acostumados a vivenciar um mundo de competição e de conquistas, parece que os objetivos mais acertados na vida das pessoas são aqueles que as projetem sobre os demais, que as façam surgir como brilhos estelares por sobre a escuridão das misérias sociais.

Período de muitas ambições e de poucas possibilidades, o presente tem se notabilizado por ser também época de frustrações emocionais, decepções afetivas, abatimentos morais, fragilidades produzidas por não haver condições de todos se estabelecerem na constelação do sucesso.

Faltam oportunidades de ganhos, não há espaço suficiente para as promoções dos indivíduos, nem sempre os mais capazes são homenageados com os louros do sucesso, etc.

E acreditando que tal é a lei natural da vida em grupo, oriunda dos primórdios da selva, onde o mais forte dominava e os que lhe eram inferiores em força ou violência espreitavam o momento adequado para atingi-lo e superá-lo, as pessoas seguem vivendo em uma verdadeira luta íntima, num conflito não declarado em que os inimigos são todos os demais e os amigos apenas os que não representem ameaça aos seus interesses imediatos.

Nesse panorama, apesar de ter de estar armado com sua armadura pesada e desconfortável que lhe parece poder garantir boas chances para atingir suas metas, o homem se queixa de que é infeliz.

Desenvolve na vida social os argumentos do egoísmo e do egocentrismo, acreditando que eles o levarão à tão buscada alegria interior e, quanto mais caminha nesse sentido, menos feliz se torna, mais solitário se torna, mais incomodado se sente.

Quer que os outros o reconheçam em seus valores, em suas conquistas e não percebe que, para atingi-las teve de esmagá-los como um trator descontrolado, sem direção nem freio, derrubando muros, casas, arrasando jardins, ferindo o solo e deixando para trás muitas criaturas desoladas, ignoradas, desprezadas, humilhadas, esquecidas, os chamados PERDEDORES.

E quando a religião é procurada para tentar fornecer-lhes algum alento a este triste anacronismo, nela se inserem com os mesmos defeitos. Querem ser os melhores, sentarem-se nos lugares de destaque, vestirem-se com as mais chamativas vestimentas para demonstrarem o seu *status* de elegância exterior, receberem as atenções preferenciais, falarem de seus problemas que consideram os maiores, imporem-se a Deus que deverá escutá-los e resolver-lhes as dificuldades.

Mesmo na busca espiritual, comportam-se com a arrogância dos que querem ser mais importantes do que os outros.

Assim, é natural que nem mesmo na fonte de consolações da Boa Nova consigam encontrar o alimento que lhes satisfaça o paladar exigente e personalista.

E é tão singela a solução para tais conflitos!

A Terra é uma grande plantação na qual as sementes de mesma natureza são dispostas no vasto campo e onde poderão germinar. São de um mesmo tipo e estão recebendo o mesmo tratamento.

Que pensar daquela que, acreditando-se melhor do que as outras, deseje superar as que estão à sua volta para roubar-lhes o sol, produzindo sombras às que lhe circundam, impedindo que recebam a luz necessária ao seu crescimento?

Naturalmente poderá crescer e gerar algumas sementes a mais do que as outras por sua ganância. Todavia, se reunirmos toda a produção das que lhe são companheiras de solo, por mais que a plantinha egoísta seja capaz de produzir sozinha, o conjunto será, certamente, mais fecundo, pois fornecerá maior resultado em quantidade de sementes produzidas, juntas.

Entendendo o contexto da vida, o Homem não poderá ser feliz se escolhe sempre o caminho da solidão.

Poderá atingir as culminâncias do sucesso profissional, material, social e perceberá que não haverá ninguém para admirá-lo com sinceridade e respeito.

Conseguirá criaturas que o invejem, espreitando para derrubá-lo. Outras, que tenham ódio de seu sucesso, buscando meios para vê-lo cair do pedestal. Outros mais, que serão sempre felizes por qualquer revés que lhe ocorra.

Depois que consegue seus objetivos de escravizar todas as coisas e situações à sua vontade arrogante, o egoísta percebe que se deixou escravizar por uma série de exigências e circunstâncias que, agora, o mantêm cativo na defesa dos muros de sua fortaleza dourada, na qual se guarda sozinho e sem glórias verdadeiras.

A sabedoria da vida ensinar-lhe-á, através de tais sofrimentos que ele mesmo criou, que ninguém consegue ser grande espalhando insucessos à sua volta, desmerecendo o valor das criaturas, desprezando os menos favorecidos.

Aprenderá, sob o peso das dificuldades, que só existe uma e verdadeira disputa, uma única competição real e decisiva:

A de suas virtudes contra seus defeitos, no campo de batalha de sua alma.

Este é o processo qualificativo da vida. Formar

almas melhores e mais preparadas para o entendimento da verdade.

A verdade perante a qual não existem, na essência do espírito, melhores ou piores. A verdade que diz que na grande plantação de Deus, todos são sementes da mesma qualidade e recebem tratamento que lhes permitirá crescer e produzir mais quanto mais se auxiliarem em conjunto.

O Homem já demonstrou que tem força e coragem para trucidar o semelhante, para diminuí-lo em busca do próprio sucesso, para desprezar-lhe as lágrimas, a fome, o desencanto e o desespero como se fossem ruídos de alguma turbulência ao longe, no horizonte.

Precisará demonstrar agora, que possui coragem para reverenciar os chamados perdedores da vida. Para elevar-lhes a condição humana ao patamar da dignidade mínima garantida a todas as criaturas sobre a Terra e que compete aos que se consideram maiores ajudar, proteger e promover.

Aprender a ser pequeno é a tarefa que se impõe aos que desejam ser grandes sempre e que já perceberam que todas as suas glórias não foram capazes de trazer a paz ou a felicidade.

Pequenez que não significa miséria material, conduta exterior de humilhação, pobreza moral ou qualquer manifestação externa de debilidade, mas uma consciência que toda grandeza transitória no mundo decorre diretamente da permissão de Deus para que se estabeleça no caminho de alguém por algum tempo.

Sobretudo um comportamento interior de respeito a todos os que a vida não pôde enaltecer com o sucesso. Uma mão estendida aos que estão caídos pelos fracassos a que foram expostos pelas contingências da jornada evolutiva ou por suas próprias deficiências.

O gesto que ergue para educar o caído, que ampara o fraco com o respeito fraterno que não humilha, que oferece ajuda sem impor o peso da vergonha sobre o que já se entregou à derrota.

Sentir a misteriosa inspiração para ser pequeno diante dos que o mundo despreza por não terem sido os que ganharam as disputas na qual todos estão engalfinhados cegamente é começar a se aproximar da verdadeira ventura da alma.

Devolver alegria e esperança à multidão dos falidos da emoção, aos esfarrapados morais, aos vitimados pelas tragédias sociais será tarefa que permitirá que cada uma dessas pequenas e mirradas plantinhas se voltem, novamente, para o Sol e, crescendo o quanto possam, com a sua ajuda, ofereçam algumas pequenas sementes na hora da colheita.

Se somarem-se todas as sementes por elas produzidas, serão mais abundantes do que aquelas que uma única e bem enraizada planta será capaz de oferecer.

Os considerados derrotados da Terra têm mais a produzir do que os poucos vencedores nas disputas sociais.

E a felicidade íntima se edificará na alma daquele que, percebendo isso, se atirar com amor no reerguimento dos abandonados e desprezados, servindo-lhes de amparo e força positiva.

Entender o que significa servir é a única vitória consistente para a alma arrogante e ambiciosa, que perceberá que nenhuma ambição pessoal lhe permitirá a ventura sentida pelo menor gesto de altruísmo sincero em favor dos derrotados.

Não é pelo parâmetro mundano que as leis do Universo regem seus filhos.

Não é pelas glórias luminosas de alguns instantes fugazes que as criaturas são avaliadas no céu das grandezas celestes.

E, se é verdade que o Homem pode produzir luzes fulgurantes com pólvora e tecnologia, observamos que um vaga-lume produz, sozinho, mais luz em si e por si mesmo do que ele, o poderoso ser humano.

Aprender a servir, eis a maneira de produzir luz e felicidade próprias, como Jesus ensinou em Lc, 22, 24-26:

> ***"Suscitaram também entre si uma discussão sobre qual deles parecia ser o maior.***
>
> ***Mas Jesus lhes disse: Os reis dos povos dominam sobre eles e os que exercem autoridade são chamados benfeitores. Mas vós não sois assim. Pelo contrário, o maior entre vós seja como o menor e aquele que dirige seja como o que serve."***

18

SALVAR O CORPO OU SALVAR A VIDA?

Desejo natural de todas as criaturas, a vitória sobre uma dificuldade, o sucesso diante de um perigo, a conquista da saúde diante da enfermidade, é uma busca que se impõe aos de raciocínio considerado normal.

Salvar a própria vida representa sempre o desejo dos que passam por testes nos diversos problemas da existência.

Entretanto, não se apercebem de que o que estão tentando salvar não é a própria vida e sim o próprio corpo.

No contexto ocidental esta confusão é muito comum e se apresenta como uma das fontes de maior conflito emocional: salvar o corpo como se o corpo fosse a vida.

Naturalmente se costuma associar a morte do corpo à cessação da vida.

Não obstante, um dos momentos mais emocionantes da estada de Jesus entre os homens é o reencontro dos seguidores com o Divino Amigo, plenamente VIVO, depois do sepultamento de Seu corpo, absolutamente MORTO.

Como um fenômeno desconhecido, o reaparecimento de Jesus foi algo tão candente que levou as pessoas a considerá-lo ressurgido com sua estrutura física. Entretanto, tal fato não se confirmou nem se encontram provas de tal reaparecimento físico nos diversos encontros do Messias com seus discípulos.

Surge o Meigo Rabi, no seio da comunidade que se encontrava encerrada em uma sala absolutamente fechada. Ninguém lhe abre as portas ou lhe franqueia a passagem física e, ainda assim, Ele ali se apresenta.(Jo, 20, 19-23)

Caminha ao lado de dois de seus discípulos amedrontados que fogem de Jerusalém e, apesar de ambos terem estado com ele durante vários meses antes da crucificação, não são capazes de reconhecê-lo, caminhando várias léguas conversando sobre os fatos ocorridos na cidade velha, como se Jesus fosse um forasteiro que eles tivessem conhecido naquele mesmo momento.(Lc, 24, 13-31)

Surpreendida pelo desaparecimento do corpo do Cristo no túmulo onde havia sido colocado, Maria de Magdala escuta alguém que lhe dirige a palavra e pergunta o que está procurando. Voltando-se para o local da voz, vê um homem que não reconhece e pensa ser o jardineiro, a quem roga que lhe diga onde foi que ele colocou o seu "Senhor". Não reconhece Jesus. (Jo, 20, 13-16) O mesmo que ocorreu com os dois discípulos na estrada de Emaús.

Após ressurgir no terceiro dia e depois de passar vários dias a ensinar seus seguidores, Jesus, apesar de apresentar-se vivo diante de todos, despede-se de seus seguidores e começa a elevar-se do solo em direção ao céu, numa evidente demonstração de que aquele corpo que parecia ter não era mais um corpo carnal, já que tal fenômeno é impossível diante das leis da natureza.(Lc, 24, 50-53 e Mc 16, 19-20)

Diante de todos estes fatos, relatados sucintamente, mas verdadeiros na tradição religiosa, pode-se observar que a vida não pode ser representada pelo corpo.

A vida é mais ampla e duradoura do que qualquer corpo que a possa albergar por algum tempo.

E só isso pode explicar a importância do Amor, que transcende qualquer limite físico e se estende aos confins do invisível, como, por exemplo, o Amor de mãe ou de pai, que não se extinguem nos portais do cemitério onde o corpo do filho foi depositado.

O sentimento de perenidade acompanha a vida, deixando para trás o corpo putrescível.

Daí, não haver maior dificuldade em entender o que significa salvar a própria vida quando se entende a vida por esse prisma indestrutível, o que diferencia muito a questão do simples salvar o próprio corpo.

Quantas criaturas se perdem nos momentos de enfermidade, apenas buscando salvar o próprio corpo, desprezando a oportunidade de entendimento e de amadurecimento que poderia, ao contrário, salvar a própria vida, já que o corpo muitas vezes se encontra condenado pela enfermidade.

Os esforços notáveis da medicina em processos técnicos de prolongamento da vida do corpo são importantes aspectos do avanço da Humanidade. E não obstante, estão voltados apenas para a salvação de um corpo, salvação esta muitas vezes impossível diante da inexorabilidade da desagregação molecular.

Para salvar a vida, em lugar do corpo, os conceitos verdadeiros do Universo elegem outros critérios que não os preferidos pelos homens, mais preocupados com as manifestações transitórias e destrutíveis da carne.

Em geral, salvar ou ganhar a vida é uma expressão usada para referir-se aos sucessos materiais, aos progressos, aos recursos que se amontoam, aos prazeres que se desfrutam, aos gozos ambicionados como ícones da atual fase de amadurecimento na Terra.

Tendo o corpo como o centro das preocupações, as condutas da maioria se direcionam para conferir-lhe uma alimentação mais saudável, uma vestimenta mais confortável e vistosa, uma moradia mais luxuosa e nobre, um veículo de transporte mais rápido e caro, etc.

Até mesmo em busca de um pseudo bem estar interior, as regras da convivência têm eleito a "malhação", nome moderno para os antigos exercícios físicos, úteis e adequados, como recurso para se atingir o prazer e a auto-estima.

Por isso, muitos se confundem acreditando que a verdadeira ventura da alma é uma questão de músculos volumosos e produtos químicos que os possibilitem desenvolver mais rápida e eficazmente.

Apesar de tudo isso, segue o pedido do Evangelho para que tenhamos sabedoria no compreender o que significa salvar a própria vida.

Ainda que, com dinheiro ou músculos, roupas novas ou apartamentos luxuosos, cargos e realce público o Homem se sinta um vencedor na vida, quanto mais se empenhar em ganhar a vida com o acúmulo de coisas e prazeres, mais se verá preso no meio de conquistas que o escravizarão, exigindo sempre mais e mais devotamento de sua parte para não regredir a patamares anteriores.

E o que o frustrará ainda mais é que não terá como deixar de enfrentar o momento doloroso de ter de abdicar de todas estas coisas ao ver-se delas despojado quando tiver de realizar a viagem desta para a outra vida.

Todos os troféus do corpo ficarão entregues à ferrugem do tempo e sucumbirão aos ataques do esquecimento.

Somente a vida terá seu curso, inflexível e inexorável, ensinando aos que se preocuparam apenas com a vida do corpo de que ela não representa senão um momento rápido e fugidio da vida perene : a da alma.

Salvar ou preservar a vida de maneira eficaz significará o preparo do Homem para a compreensão de mistérios que transcendem os singelos currais onde se prendem os conceitos materialistas do mundo.

Estar no corpo como quem luta para cultivar a perenidade da vida da alma significa entender a sua finalidade essencial na Terra.

Descobrir que os corpos são os degraus para a elevação da alma na escada da existência permitirá aos Homens a adequação de suas condutas à disciplina necessária à preservação da Verdadeira Vida, em detrimento dos esforços inúteis de homenagear apenas a vitalidade temporária da carne.

E se esta se apresenta assim, delicada e tênue, não é por isso que deixa de ter importância, já que a estrutura orgânica é a sublime oportunidade para que a vida possa ser conhecida, experimentada, aproveitada e permita a evolução do espírito encarnado.

No entanto, para os conceitos do materialismo, toda e qualquer preocupação ou comportamento que venha a dilapidar o patrimônio material é encarada como uma conduta perigosa e tola, equiparada à atitude de fanáticos ou desequilibrados.

Gastar seu dinheiro com os pobres, dar aos que necessitam, ajudar os que sofrem, desgastar-se diante de enfermos, auxiliar a educar crianças carentes, fornecer amparo a velhos perto da morte, levar consolação aos leprosos, dedicar-se a aconselhar os que estão presos, a erguer prostitutas para uma vida digna na qual se respeitem são condutas que se consideram desperdício de tempo e de dinheiro.

Gastar sua saúde, expondo-se ao contato com doentes de todos os tipos significa estar na contramão da consideração "normal" da sociedade tanto quanto para Pedro Bernardone, pai de Francisco de Assis, a conduta de compaixão de seu filho para com os empregados escravizados era irracional e merecia corrigenda de pancadas e castigos que lhe devolvessem a razão.

Por isso, para o mundo imediatista, não reverenciar o corpo ou envolver-se em tarefas nas quais se veja diminuída a riqueza que se amealhou, significa, muitas vezes, dar sinais de insensatez ou de doideira consumada.

No ambiente da Terra atual, onde a maioria luta para juntar, conquistar, ter e buscar mais e mais confortos, esta opção de diminuir sua riqueza material ao necessário, de desgastar o corpo atendendo aos que sofrem, não almejar destaque social são equiparadas à perda do equilíbrio esperado pela "normalidade das pessoas".

Perguntamos, então, a todos os que condenam tal opção: se a vida é mais perene do que o corpo, por que é considerado louco aquele que deseja ser bom, empregando seus recursos financeiros na caridade e cansando-se na dedicação aos que sofrem, enquanto que aquele que gasta seu dinheiro com loucuras, bebidas, prazeres é considerado apenas um excêntrico?

Quem será o louco verdadeiro: o que realiza loucuras que são aceitas por todos como coisas normais ou o que se comporta como pedem os conceitos elevados da Lei de Amor, mas não é compreendido pela maioria?

Mesmo aos cultores dos corpos mais do que da vida, isto surge como um problema, pois querem gozar sempre e, ao mesmo tempo, garantir também os privilégios da alma, quando tais coisas são, a princípio, incompatíveis.

Por isso que Jesus advertia que todo aquele que fizer o bem desejando os aplausos do mundo, já recebeu aí a sua recompensa.

Daí também os ensinamentos do Cristo acerca da realidade da vida da alma, considerando que a vida transitória do corpo levará o homem à decepção e a ver o quanto desperdiçou seu tempo com as coisas externas da matéria quando for defrontado pela realidade da vida perene da alma.

Como os conceitos materiais da atualidade enaltecem o exterior em prejuízo do que é transcendente, mais uma vez reconhecemos a atualidade das advertências do Evangelho.

Ao compreendermos o conceito de Jesus no seu trajeto entre os encarnados, percebemos que o Divino Amigo sempre buscou priorizar a vida do espírito como a vida imperecível e a que nos pede cuidado e atenção.

E quanto aos que se ocupavam mais do corpo, nas palavras de Jesus eles eram os que estavam mortos para as verdades maiores, tão mortos quanto os corpos sem vida, tanto que ensina, em Lc. 9, 59 a 60:

"A outro, disse Jesus: Segue-me.

Ele, porém, respondeu:

Permite-me ir primeiro sepultar meu pai.

Mas Jesus insistiu:

Deixa aos mortos o sepultar os seus próprios mortos.

Tu, porém, vai e prega o reino de Deus."

19

VENCENDO A DIFICULDADE

A convivência, nos moldes atuais, exige uma constante disputa pelos primeiros lugares, pelas situações que produzam mais facilidades e confortos e, da mesma maneira, uma crescente aversão para a solução de questões desagradáveis que, principalmente no seio da vida familiar, tornam conturbados os relacionamentos.

Evitar o problema, adiá-lo, empurrá-lo para que outro o solucione, deixar de enfrentar a pessoa difícil, guardar distância dos que necessitam de auxílio alegando sempre que isto é coisa para os outros, para os mais velhos, para os que têm mais responsabilidades.

No entanto, todos se encontram nos lugares de que necessitam para que sigam na trajetória do crescimento espiritual.

Não se progride sem se defrontar com saliências no terreno.

No âmbito pessoal as coisas não são diferentes.

Os desafios morais que representam, para nós, essas criaturas com quem somos forçados a conviver pelas necessidades de avanço do espírito imortal, são essas divinas oportunidades de diplomação de nossa alma, à medida em que nos coloquemos diante do desafio com desejo de compreendê-lo e auxiliar na sua solução.

Que pensar de um estudante que, em todos os dias de prova, deixasse de comparecer à escola?

Que imaginar do trabalhador que só se apresentasse na empresa no dia do pagamento, ausentando-se dela em todos os outros momentos em que lhe competia solucionar problemas administrativos ou de produção?

Nem um nem outro fazem jus à aprovação ou ao salário.

E estar na Terra somente para desfrutar das benesses da vida significa tentar surrupiar das Fontes Criadoras elementos que estão sendo oferecidos gratuitamente, desde que nos comportemos como os que entendem a própria necessidade de aprendizado.

As dificuldades recolhidas ao longo do caminho são testes necessários à avaliação de nossas possibilidades.

Sobretudo aqueles que encarnam tais obstáculos e nos produzem dissabores sem conta, são, ainda que sem o desejarem, amigos de nossas almas por muito nos propiciarem fontes de aprendizagem e de progresso.

Não que isso os torne almas destinadas a nos fazerem sofrer, cumprindo uma missão de serem pedras de tropeço em nosso caminho.

São, muitas vezes, criaturas perturbadas e débeis, que o Senhor permite sejam colocadas próximas de nós para que se cumpra a Lei de Amor que permite que aquele que já está preparado passe pelo teste de sua capacidade e aquele que está se preparando, receba o auxílio daquele que está mais avançado na jornada.

São teias que a fraternidade humana necessita para amparar cada qual no seu momento evolutivo.

Ao médico compete o tratamento do enfermo.

Daí, não busquemos fugir dos que nos sejam complicados ou difíceis. Encaremos cada um deles como o Alvará de Libertação, que demonstrará nossa capacitação para melhores estágios futuros.

Além disso, ninguém está em situação para a qual não tenha concorrido de alguma maneira, ou não tenha alguma responsabilidade de retificá-la com o seu empenho no Bem.

Encaremos esse companheiro de outro modo. Observemos sempre aquele irmão difícil como um futuro Jesus daqui a muitos anos.

E tenhamos a alegria de dizermos a nós mesmos: Eu pude ajudar hoje um Jesus de amanhã.

Vendo-o assim, pelo prisma da perfeição moral que o Cristo significa para nós, nossa capacidade de entender os seus problemas, as suas crises e as suas fragilidades se amplia.

Ganhamos em paciência, em tolerância, em vontade de ajudar, em capacidade de perdoar e seguir ao lado para que, exemplificando com amor, possamos construir esse Jesus que, efetivamente existe, mas que está adormecido em todos nós.

No entanto se, ao invés de auxiliarmos esse enfermo na alma a tornar-se melhor, nós o afastamos, nos negamos a seguir ao seu lado, abdicamos do embrião de generosidade que está germinando em nosso espírito, estaremos demonstrando que aquele ser complicado e indesejado poderá tornar-se Jesus antes de nós mesmos, pois ele está adoentado, necessitando de ajuda, enquanto nós, que nos julgamos curados, lhe negamos o auxílio efetivo.

Quem será que está mais distante do Cristo?

Entendermos essa sublime lição significará nos comportamos sempre como aquele que aproveita cada oportunidade para transformar o mundo à sua volta.

Não vejamos segundo nossos critérios. Percebamos que a vida valoriza muito aquilo que nós desperdiçamos.

Os homens desprezam os dejetos.

A vida os aproveita como adubo.

Eles desejam exterminar o bolor incômodo.

A vida o presenteia como medicamento.

As criaturas desejam caminhar na planície.

Mas somente a trilha escarpada as aproxima do céu.

E lá no alto, a grandeza da Vida está preocupada com os que estão perdidos aqui embaixo, como afirma Jesus em Lc 15, 3-7:

"Então lhes propôs Jesus esta parábola:

Qual, dentre vós, é o homem que, possuindo cem ovelhas e perdendo uma delas, não deixa no deserto as noventa e nove e vai em busca da que se perdeu até encontrá-la?

Achando-a, põe-na sobre os ombros, cheio de júbilo. E indo para casa, reúne os amigos e vizinhos, dizendo-lhes: Alegrai-vos comigo, porque já achei a minha ovelha perdida.

Digo-vos que assim haverá maior júbilo no céu por um pecador que se arrepende do que por noventa e nove justos que não necessitam de arrependimento."

20

CRITÉRIO ESPIRITUAL SEGURO

Será verdade o que estou vendo, lendo, escutando? – é a pergunta que se repete no íntimo das pessoas que se preocupam com a análise das coisas que lhes chegam ao conhecimento.

Em época na qual a capacidade de conhecer ampliou os limites da pesquisa a todos os confins da natureza, uma avalanche de informações é produzida e tem como destino a mente dos que as recebem.

No entanto, da mesma maneira que se avolumou o poder de pesquisar e conhecer, cresceram os recursos para dissimular, enganar, omitir, deturpar, fraudar, em busca da mesma credulidade inocente dos que, passivamente, recebem a informação.

Primeiro a fotografia, maravilha que cristalizava no tempo o instante fluido para a lembrança dos momentos importantes.

Depois a montagem, a trucagem, o ilusionismo, para criar o que era inexistente.

Aperfeiçoado o mecanismo fotográfico e ganhando movimento pela sucessão de imagens projetadas, o cinema passou a contar histórias, distrair e embevecer as criaturas.

Logo a seguir, os efeitos especiais começaram a produzir ilusões e mentiras cada vez mais avançadas e parecidas com a própria realidade.

As ondas eletromagnéticas cruzaram os céus e as estações de rádio inovaram no mundo da notícia e da informação, transmitindo os fatos numa velocidade até então não conhecida pelo homem.

E, se é verdade que, para provar o poder das ondas de rádio, Marconi, de sua cidade na Itália, disparara o sinal que acendeu e inaugurou a iluminação do Cristo Redentor na capital carioca para assombro dos mais esclarecidos e comentário exaltado dos que não tinham nenhum conhecimento, da mesma maneira as ondas da radiodifusão se prestaram à veiculação da fantasia teatral que simulava a invasão da Terra por alienígenas, o que produziu uma histeria coletiva na localidade americana onde foi difundida, levando os ouvintes ao estado de desespero por julgarem verdadeiro o relato que descrevia a chegada dos habitantes de outro planeta.

A tecnologia projetou-se no caminho da realização avançada, mas não impediu que, com a mesma velocidade, a capacidade de usá-la para a criação de ilusões e confusões nos pensamentos e sentimentos daqueles a quem a tecnologia deveria servir como elemento de apoio em busca da verdade ocorresse também.

E por essa questão, confundidos os espíritos na credulidade natural de acreditarem naquilo que escutam ou que vêem ou que lêem, por mais que se aprofunde a lente da observação aos rincões insondáveis, mais se amplia a lente da incredulidade no aumento dos temores de se acreditar nas mentiras que poderiam ser difundidas com o mau uso da tecnologia.

Não é pequeno o número dos que, habitando o século XXI, preferem acreditar que a chegada do homem à Lua foi mais um exercício de ficção produzido em um estúdio cinematográfico de Hollywood para promover a superioridade tecnológica dos seus cientistas, do que uma realidade captada pela lente da máquina filmadora, testemunhada por pessoas que voltaram, pelas pedras lunares que foram trazidas, pelas fotografias da Terra, tiradas a partir do satélite visitado.

De tanto usar os instrumentos da verdade para ludibriar aqueles a quem deveriam esclarecer, os próprios Homens amplificaram a incredulidade aos limites mais contraditórios de todos os tempos.

Por imaturidade dos que recebem as informações em todas as áreas do conhecimento, um sentimento de dúvida muitas vezes avassala o equilíbrio que discerne, a clareza que analisa, o raciocínio que compara, o critério que aponta escolhas.

E se para as coisas palpáveis da matéria tal se

verifica, com as coisas invisíveis da alma, isso se torna ainda mais comum.

Como fortalecer a fé embasando-se, tão somente, na verdade?

Não são novas as teses filosófico-materialistas que apontam para um Jesus fictício, fruto da vontade de um grupo de escritores férteis na imaginação, de um conclave de mentes que desejavam enganar os outros com um mito poderoso.

Os religiosos, por sua vez, adotam postura contrária, prendendo-se aos documentos remanescentes da tradição cristã para neles fundamentarem todos os tipos de defesa, desde as teses religiosas até as suas opiniões pessoais nas questões do dia-a-dia, cegos observadores da letra que mata.

E a fé sincera, devotada, confiada na grandeza da mensagem, se vê espancada por todos os lados, combatida, de um lado, pelos homens de ciência, que se valem de tecnologias para tentarem destruir crenças seculares, com a pseudo-intenção de trazerem luzes científicas sobre os fatos obscuros da fé e, por outro, agredida pelos homens de religião, boa parte dos quais interessados nas vantagens financeiras e que se fundamentam nas sagradas escrituras para ludibriarem o bom senso e a boa fé das pessoas que os escutam, torcendo os significados, usando de contorcionismo argumentativo para chegarem aonde mais lhes interessa: o bolso dos fiéis.

Os que se valem de máquinas com a intenção

de defraudar a crença de corações despreparados para conhecerem outros caminhos são como os que, por fabricarem remédios, desejam convencer as pessoas de que não possuem saúde.

Os que distorcem a palavra de Deus para convertê-la em um caça níqueis, estão mais para esses hábeis intérpretes de leis, modelando as soluções de acordo com as necessidades dos pagantes, do que para divulgadores da Boa Nova.

E o coração crédulo, bombardeado por todos os lados, se confunde diante da opção entre duas posturas: ou acredita cegamente, ou duvida de tudo.

O primeiro evita qualquer ação do raciocínio sobre aquilo que está escutando, vendo ou lendo. O segundo não lê, não quer escutar nem ver, porque parte do pressuposto de que não vai acreditar nem se lhe provarem.

E o velho e conhecido bom senso é o que mais sofre nessa contenda de tolices e ingenuidades.

Tanto que o Divino Amigo, na passagem poética de Lucas, 7, 31 a 34 ataca a questão de maneira frontal e direta, dizendo:

> ***"A quem poderei comparar os homens desta geração? E com quem se parecem? São semelhantes a meninos sentados na praça que, conversando, dizem:***
>
> ***Temos tocado flauta para vós e não dançastes!***

Cantamos canções tristes, e não chorastes!

Veio de fato João Batista que não come pão nem bebe vinho e vós dizeis: Está possesso do demônio.

Veio o Filho do Homem, que come e bebe, e dizeis: Aí está um comilão e beberrão de vinho, amigo de publicanos e pecadores."

Sim, as criatuaras em sua grande parte, são semelhantes a meninos amedrontados e confusos, reclamando que as coisas não são como desejam. Que não buscam a verdade porque têm medo da mentira e, ao mesmo tempo, reclamam da mentira porque os impede de conhecerem a verdade.

Não obstante tal confusão criada pelos próprios Homens, a sabedoria espiritual reservou-lhes critério seguro para que fossem capazes de exercitar o bom senso em todas as coisas e avaliá-las para aceitá-las ou não.

João adverte, no capítulo 4º de sua primeira epístola, que as criaturas não deveriam dar crédito a qualquer espírito.

Isso quis dizer que se deveriam considerar mentirosas todas as manifestações espirituais?

Tanto não é verdade, que o inspirado apóstolo, seguindo o critério do Evangelho, continua a exortação aos que o liam, dizendo:

"Antes, provai os espíritos se procedem de Deus".

Sim, analisai, perguntai, indagai, observai o que dizem eles, o que aconselham, como orientam os que os buscam, o que produzem em termos de auxílio aos que necessitam de suas palavras.

Pelo bem que produzem darão notícia de sua origem. Pelo desinteresse que demonstrarem, falarão Daquele que os enviou.

O critério seguro do Evangelho afasta a penumbrosa nuvem da descrença, da insegurança, da ausência de base para observar as coisas que levam o Homem a de tudo duvidar e descrer ou a aceitar cegamente apenas o que está escrito na letra morta.

E o critério foi ditado pelo próprio Enviado Celeste aos corações claudicantes e frágeis dos Homens de todos os tempos, ainda mais os de hoje, confundidos pelas suas próprias construções tecnológicas, quando aconselha, sereno e sábio, no dizer de Lc, 6, 43 a 45:

> ***"Não existe árvore boa que produza fruto podre. Nem árvore podre que produza fruto bom. Porque cada árvore se conhece pelo seu fruto. De espinheiros não se colhem figos, nem de abrolhos se vindima uva. O homem bom, do bom tesouro de seu coração tira coisas boas. E o mau, do mau tesouro de seu coração tira coisas más. Porque a boca fala do que está cheio o coração".***

21

A MEDIDA DO AMOR VERDADEIRO

Para as medidas de temperatura, o homem criou o termômetro.

Para a pressão, o barômetro.

O peso é medido pela balança

A velocidade pelo velocímetro.

A composição química de estrelas distantes é medida pelo espectro derivado da decomposição da luz que nos chega de sua superfície.

A profundidade dos oceanos, pelo sonar.

A aproximação aérea, pelo radar.

A pressão arterial, pelo esfignomanômetro.

Como se vê, tudo o que está ao redor do Homem possui uma escala que o mede e avalia para ser melhor dosificado e compreendido.

Também isso é válido para as necessidades de

compreensão das questões individuais ligadas às virtudes do espírito.

Pode-se dizer que existem mecanismos de aferição das virtudes da alma, tão ou mais exatos do que os produzidos por válvulas, micro chips, computadores, espelhos perfeitos, lentes de ampliação, tecnologia nuclear.

E ainda que os resultados não se apresentem em escalas milimetradas para a leitura visual e estatísticas laboratoriais, eles se materializam na vida de maneira mais candente e palpável do que os formulários de computadores onde se imprimem os gráficos da previsão e avaliação meteorológica.

Por isso, Jesus aconselhava determinados procedimentos para que, no seu exercício, se pudesse avaliar a elevação dos níveis de virtudes que ornavam o caráter e que atestavam o crescimento do espírito individual.

Entre as muitas exortações nesse sentido, o Divino Amigo estabelece a escala do PERDÃO que deveria ser utilizada para a medida de uma virtude essencial na alma: O AMOR.

Tal medida, que deve ser aplicada em todas as situações, afere no Homem, com exatidão, o seu grau de merecimento e de evolução, apontando para cima ou para baixo, na proporção em que se lhe observe o exercício constante ou os baixos índices de utilização, em sua vida pessoal.

E se os graus celsius medem a temperatura, o efeito Dopller mede a velocidade do afastamento das galáxias, o PERDÃO mede a capacidade de AMAR que existe dentro de cada pessoa.

Referimo-nos ao perdão esquecimento, próprio da essência do Evangelho e não aos simulacros de perdão que o Homem costumou criar para justificar-se numa conduta aparentemente virtuosa, ocultando o rancor que segue carregando em seu coração.

Se avaliarmos os gestos de perdão, que representam o gráfico vivo da capacidade de AMAR, veremos bem a escala que o representa.

No relacionamento afetivo entre os encarnados isso pode ser observado.

Quem mais é capaz de Amar, mais gestos de tolerância, compreensão, amizade, carinho, compaixão é capaz de emitir em direção dos que o ferem.

E se podemos eleger um exemplo entre os homens que tão bem representa o topo dessa escala de AMOR que o PERDÃO mede ou dosa, indubitavelmente, o coração de mãe ocupa o primeiro lugar.

Quem mais ama é quem mais perdoa.

Quem ama menos, perdoa menos.

Quem não entendeu o amor, costuma dizer: Eu perdôo, mas não esqueço.

Quem não sabe o que é o amor... esse diz que não perdoa.

Falando dessa escala que mede o AMOR pelo olvidar as ofensas, podemos compreender o tamanho do sentimento de Jesus por todos os homens, figurando-nos ser o exemplo que mais materializou no meio da Humanidade, em grau superlativo, a escala do Perdão como aferidor da capacidade do Amar.

Pensemos nisso e vejamos a quantas anda a nossa medida amorosa, não pelos desejos, pelos presentes, pelas manifestações materiais, pelas cenas de ciúmes, pela freqüência de relações íntimas, mas pela capacidade de perdoar.

E sem banalizarmos a questão, valendo-nos de um neologismo para simbolizar tal escala de medida, vejamos quanto amor possuímos, consultando o nosso PERDOÔMETRO.

Afinal, foi Jesus quem melhor aclarou esta questão e estabeleceu essa medida de avaliação em nossas vidas, quando ensinou, em Lc. 6, 32 a 36:

> **"E se quereis bem aos que vos amam, que merecimento tendes? Pois até os pecadores amam aos que os amam. E se fizerdes o bem aos que vos fazem o bem, que merecimento tendes? Isso, até os pecadores o fazem. E se fazeis empréstimo àqueles de quem esperais receber de volta, que merecimento tendes? Porque também os pecadores emprestam aos pecadores, para reaverem no mesmo valor.**
>
> **Vós, porém, amai os vossos inimigos e fazei-lhes o bem. Dai empréstimo sem nada esperardes como pagamento; será grande a vossa recompensa e sereis filhos do Altíssimo, porque ele é benigno com os ingratos e maus. Sede, portanto, misericordiosos, assim como também o vosso Pai é misericordioso."**

22

PARA SER MAIS AMADO

O perdão é um medidor da capacidade de Amar já apreendida pelo ser humano do mesmo modo que o termômetro mede a temperatura.

E se os aparelhos desenvolvidos para servir de marcadores diversos se notabilizam por exercerem a função neutra de aferir os fenômenos a que se destinam sem neles interferir, que pensar se, ao mesmo tempo em que realizam sua função de medidores, tais aparelhos tivessem também a função de modificar os fenômenos a que se dirigem?

Um termômetro que medisse a temperatura e, eventualmente, a modificasse, ajustando-a, melhorando-a, harmonizando-a com o ambiente mais favorável?

Poder-se-ia dizer que tal intervenção desnaturaria o aparelho feito apenas para refletir a realidade objetiva.

No campo dos fenômenos objetivos, tal peculiaridade tornaria o aparelho impróprio para a sua tarefa primordial.

No entanto, nas questões da alma para as quais já vimos ser o Perdão um instrumento de medida do Amor que existe ativo em nosso coração, ao mesmo tempo em que aponta a escala da generosidade afetiva, o Perdão modifica e faz crescer o Amor naquele que o recebe.

Isso porque, se o perdão serve de aferidor no coração daquele que o exercita, no íntimo daquele a quem se dirige o perdão produz reações diferentes.

Poder-se-ia dizer que se trata de um nobre fenômeno encontrado apenas quando se observam as coisas pela janela das Leis do Universo em ação sobre as criaturas.

Como instrumento da escala espiritual do amor, atua naquele que o oferece e interfere naquele a quem se dirige, trabalhando nas duas áreas da realidade simultaneamente.

Por isso, ser um dos mais poderosos instrumentos de aperfeiçoamento da sociedade, a começar do relacionamento íntimo, familiar, profissional e atingir os limites dos relacionamentos entre povos ou nações, muitas delas envolvidas em questões seculares de vingança e disputas infindáveis, exatamente por ausência do exercício do perdão.

Quando não se põe em prática esse poderoso aliado do Bem e da Paz interior e exterior, violentam-se os sentimentos e as criaturas, escravizadas ao peso dos grilhões incandescentes de um ódio acumulado que desencadeia as torrentes de insatisfação e frustração em todas as áreas do ser, desde os processos orgânicos de desequilíbrios físicos e enfermidades crônicas até os graves processos da obsessão, da subjugação, da fascinação ou da possessão.

Ao mesmo tempo, por não ser exercitado, deixa de produzir as conseqüências naturais que adviriam de sua aplicação, ou seja, não aliviam a culpa alheia, o coração apertado, o medo e a vergonha do erro cometido, a consciência pesada, a fraqueza moral, o sentimento de queda e de inferioridade que são sempre o tempero amargo no prato pessoal daquele que cometeu os desatinos.

E à medida em que todos estamos sujeitos a errar mais para aprender o caminho do acerto, não há nenhuma criatura terrena que não venha a produzir os desatinos de uma conduta inapropriada e que, por isso, se veja na contingência de esperar a compreensão ou necessitar da compaixão alheia.

É o caso da jovem que, em infração às leis do Universo, retira de seu ventre a semente da vida como a livrar-se de um peso para passar a carregar um outro maior e mais amargo no interior da consciência.

É o do homem que, na contingência de dar o que comer para a sobrevivência dos seus ou para ampliar o conforto de sua família, em face das disputas sociais do bem estar e da aparência, se permite os deslizes da desonestidade, em qualquer área ou medida.

O dos arroubos da juventude, que levam homens

e mulheres a práticas afetivas perniciosas para o seu próprio equilíbrio emocional, desencadeando processos de vergonha íntima e arrependimentos causticantes.

O erro nas práticas profissionais desonestas, na confusão dos sentimentos, na traição dos antigos laços afetivos em nome de aventuras corporais mais estimulantes. Todas estas são áreas em que as experiências humanas apresentam a falência moral e que produzem no interior da criatura os efeitos igualmente perniciosos do abatimento, da diminuição do próprio respeito, da baixa estima, da aceitação passiva dos processos obsessivos como uma maneira de punir-se em face da consciência que o acusa.

Nesse panorama, o perdão se apresenta como remédio a fazer levantar a cabeça, secar lágrimas, descortinar novos horizontes, trazer de volta a esperança, reabrir as portas da vontade de viver.

Devolvendo às criaturas que falharam a convicção de que possuem novas oportunidades de reconstruir seus caminhos, o Perdão surge como a bendita bandagem no ferimento, protetora e amiga, guardando a área da ferida contra os insetos intrusos ao mesmo tempo em que mantém o medicamento ativado junto à pele machucada.

Muitos processos suicidas se evitarão apenas com o exercício sincero desse poderoso elixir da esperança.

Se os Homens soubessem quantos benefícios podem espargir com um gesto de compreensão, envergonhar-se-iam por terem as mãos tão vazias e o coração tão empedrado, ao mesmo tempo em que não conquistaram o afeto de quase ninguém.

Isso porque o Perdão produz no coração alheio a mesma reação que existe naquele que se vê tratado no ferimento infectado por uma mão amiga e generosa.

O enfermo que recebe tal atenção e que encontrou alguém que se dedica, carinhosamente, ao mister de tratá-lo, trocando-lhe os curativos, medicando-lhe a ferida, limpando-a dos processos putrescíveis, suportando o mau odor da infecção, passa a oferecer a espontânea gratidão do seu coração abatido e descrente do amor.

Basta o gesto de atenção sincera de alguém e retorna à alma do doente a esperança e a confiança no gênero humano, aliadas à gratidão e ao desejo de retribuir o bem recebido.

Basta o ato sincero do perdão verdadeiro, que não humilha, não é pesado, não destrói, que tal exercício faz brotar na alma enfraquecida todas as virtudes que lá se acham sufocadas pela vergonha, pelo medo, pelo descrédito e, ao mesmo tempo em que elas se ativam novamente para o reerguimento do caído, produzem nele um sentimento de gratidão e veneração sinceros que induzirão uma revolução em sua capacidade de bem querer.

Assim é que o Perdão exerce suas funções tanto no espírito daquele que já o compreende e o pratica, mostrando o grau do Amor que existe em sua alma, quanto no coração abatido daquele que o recebe, reedificando sua capacidade de lutar e de edificar o seu destino com base em outros parâmetros.

Daí Jesus ter recomendado que se perdoasse até se perder a conta, que não se considerasse o mal, reproduzindo-o como forma de vingança mas que, ao contrário, se fosse generoso até à capacidade de não ser rancoroso nem mesmo com os adversários.

A vingança demonstraria a miséria interior daquele que cultiva o rancor, além de não propiciar a melhora daquele que se categoriza como nosso desafeto.

E tal lição o Divino Amigo nos legou em luminosa passagem do Evangelho, encontrada no texto de Lucas, cap. 7, 36 a 47, afirmando ser o PERDÃO o fermento do Amor na vida das pessoas que sofrem e que erraram:

> ***"Um dos fariseus o convidou a ir comer com ele. Entrando em casa do fariseu, se pôs à mesa.***
>
> ***Eis senão quando uma mulher, que era na cidade uma pecadora, logo ao saber que Jesus estava à mesa em casa do fariseu, levou uma ânfora de alabastro cheia de bálsamo, e, ficando atrás, junto aos pés dele a chorar, começou a banhar-lhe os pés com lágrimas, e a enxugá-los com os próprios cabelos. Beijava-lhe, repetidamente, os pés e ungia-os com o perfume.***

O fariseu, que o tinha convidado, ao ver isso, disse consigo mesmo. "Este, se fosse um profeta, certamente saberia quem é a mulher que o toca, porque é uma pecadora."

Tomando a palavra, disse-lhe Jesus:

"Simão, tenho alguma coisa para dizer-te".

Tornou este: "Fala, Mestre."

"Certo credor tinha dois devedores: um lhe devia quinhentos denários e o outro cinqüenta. Não tendo nenhum dos dois o que restituir, perdoou-lhes a ambos.

Quem pois lhe terá mais amor?"

Respondeu Simão:

"Julgo que seja aquele a quem mais foi perdoado.

"Tornou-lhe: "Julgaste bem."

Voltando-se então para a mulher, assim, falou a Simão.

"Estás vendo esta mulher? Eu entrei em tua casa e tu não deste água para os meus pés; esta, porém, lavou-me os pés com suas lágrimas, e enxugou-os com seus cabelos. Não me deste o ósculo; esta, porém, desde que entrou,

não cessou de beijar-me os pés. Não ungiste com óleo minha cabeça; esta, porém, ungiu com perfume os meus pés. Por isso te digo que lhe são perdoados os seus muitos pecados, porque ela muito amou.

TEM MENOS AMOR AQUELE A QUEM MENOS SE PERDOA"

E quem de nós não terá se colocado, um dia, no lugar dessa pecadora ou poderá dizer que não precisa do perdão de ninguém?

23

FALTA TEMPO

Dizem muitos que o dia deveria ter mais horas do que as que o relógio indica.

Criaturas assoberbadas por compromissos e atividades de todos os tipos, acreditam que com mais horas disponíveis se poderia organizar melhor a sua agenda pessoal.

Mas se não é possível atrasar a velocidade da Terra para que o dia leve mais tempo para passar, é perfeitamente admissível que atrasemos um pouco a nossa rotação individual, como forma de aproveitarmos melhor o tempo de que dispomos.

Raros se queixam de sua exigüidade por causa dos sofredores a quem deve atender.

A maioria reclama por motivos de trabalho ou de ganho, pretendendo obter solução para negócios, possibilidade de realizar mais empreendimentos e, com isso, ficar mais rico.

Certamente, se o dia tivesse 30 horas, essas pessoas iriam preenchê-las com a mesma natureza de compromissos, colocando mais problemas nas horas que se agregaram.

Não é um problema de aumentar a quantidade de números no mostrador do relógio.

É questão de melhorar a maneira como aproveitamos cada minuto.

E se é verdade que para um número reduzidíssimo de pessoas os minutos são bem aproveitados, para a grande maioria o dia voa entre horas perdidas, inúteis ou mal usadas.

Avaliemos esse problema.

Quanto tempo se consome nos deslocamentos de carro nas grandes cidades, mas poucos possuem um pequeno livro, uma mensagem edificante, um folheto instrutivo para ler enquanto o engarrafamento leva os minutos e horas por água abaixo.

Quantos minutos gastamos defronte do espelho para escolhermos a roupa que usar ao sairmos de casa.

Diante da televisão ou do computador, nos processos do entretenimento, desperdiçam os homens não alguns simples minutos, mas muitas horas ao longo da semana.

O banho que poderia durar, ainda que bem tomado, não mais do que 10 minutos, alarga-se para quase metade de uma hora.

Ao telefone lá se vão, entre os mexericos e as

conversas informais que fazem parte do modo de viver, mais uma boa quantidade de preciosas unidades de tempo.

Na prática das atividades esportivas ou nos momentos de distração salutar, as horas são aproveitadas e trocadas por músculos ou por alguma outra manifestação suarenta do corpo.

Quanto tempo se perde lavando, secando, encerando e polindo o carro ou lavando, cortando, tingindo e pintando o cabelo e as unhas?

Quando no trabalho de cada dia, quantas vezes arrumamos um modo de "matar"o tempo para que aproveitemos os momentos sem fazer nada, esperando o apito da fábrica, o sinal do relógio ou a autorização do chefe para irmos embora?

Na fila do banco, do supermercado, da repartição pública, na sala de espera de algum cliente ou em consultório médico, quanto se desperdiça aguardando o atendimento, sem se aproveitarem aqueles minutos de alguma forma, quando bastaria termos conosco alguma coisa instrutiva para ler, estudar ou fazermos, no aproveitamento das horas.

Deste modo, sem que todas estas práticas sejam censuráveis já que fazem parte do modo de viver de cada um a caminho da própria evolução, todas estas circunstâncias consomem os recursos de "Cronos" sem permitir qualquer retorno ou reutilização.

Daí repetirmos que o problema do Tempo não se soluciona atrasando o ritmo da Terra, nem aumentando o mostrador do relógio.

Mais fácil será equilibrar o Homem em seu caminhar atabalhoado pelas horas do dia, equacionando melhor o aproveitamento de cada minuto, não criando problemas sobre problemas, não desejando abarcar o mundo para tê-lo, ilusoriamente, sob sua sujeição.

Entender que o tempo foi criado para servir às pessoas nos processos de crescimento e de disciplina e não o contrário.

Melhor do que fazer um dia mais comprido, será fazer um ser humano mais sereno e sábio porque, no nível evolutivo em que se encontra a humanidade, ter o dia dividido em duas partes de 12 horas – dia e noite – segue sendo a melhor solução para muitos problemas que os homens criam nos seus próprios caminhos.

Assim, se durante o dia e parte da noite a maioria das pessoas está a serviço de problemas que cria e multiplica, Deus reserva a parte noturna restante para fazer as coisas do Seu jeito.

Afinal, nessa hora Ele pode trabalhar sossegado arrumando as coisas, pois os homens estão usando melhor o seu tempo,... dormindo...

Sobre a questão do aproveitamento do tempo com sabedoria, o Divino Mestre também teceu comentários valiosos que servirão sempre de direcionadores para as nossas reflexões acerca de como estamos usando o tesouro das horas de cada dia.

E de várias passagens, poderemos nos valer de duas importantes referências do Evangelho para buscarmos o equilíbrio de nossas condutas dentro das 24 horas de cada dia, a primeira delas encontrada em Mateus, 6, 25 e 34 :

> ***"Por isso vos digo: Não andeis ansiosos pela vossa vida, quanto ao que haveis de comer ou beber; nem pelo vosso corpo quanto ao que haveis de vestir. Não é a vida mais do que o alimento e o corpo mais do que as vestes?***
>
> ***Portanto, não vos inquieteis com o dia de amanhã, pois o amanhã trará os seus cuidados; basta ao dia o seu próprio mal."***

E, ao lado desta, Jesus ressalta a importância do homem frente ao tempo e não do tempo frente ao homem, em Marcos, 2, 27:

> ***"O sábado foi feito por causa do homem e não o homem por causa do sábado.***

24

O PEQUENO MAIOR QUE O GRANDE

A grande panela de arroz que alimentará toda uma multidão contém milhares de pequeninos grãos.

A vasta cabeleira que se ornamenta com os penteados diferentes é a somatória de milhões de pequenos fios.

O complexo orgânico perfeito e tão bem estruturado, não é mais do que um conjunto de células que se harmonizam entre si nas funções específicas.

A vastidão do mar, um complexo de gotas.

O maior dos livros, a somatória de pequenas letras.

A mais bela sinfonia, a harmonia de insignificantes notas.

A vastidão verdejante da floresta, um casamento de milhões de pequenas folhas.

O mecanismo mais perfeito do relógio, alicerçado na miríade de pequenas engrenagens.

E por mais que a humanidade deseje avantajar-se na grandeza de seus feitos, não consegue se livrar das pequeninas partes que comporão todo o edifício de suas realizações.

O grande navio não dispensa o pequeno rebite de aço ou a gota de solda que lhe mantém a integridade na união de suas partes.

A mais organizada e poderosa empresa não pode prescindir do funcionário da limpeza.

O veículo mais caro e sofisticado ainda necessita valer-se de gotas de combustível sem as quais não passa de monte de ferro sem utilidade.

A mais importante das vidas humanas, operada pelas mais hábeis mãos dos cirurgiões mais competentes, pode ser perdida se a modesta lâmpada do centro cirúrgico recusar-se a colaborar no devido tempo.

O maior e mais poderoso dos governantes terrenos não pode dispensar a trama singela de fios que lhe cobrem a nudez e o protegem do frio.

As pessoas, no entanto, ainda não perceberam que não poderão fazer nada de grandioso se ignorarem o que é pequeno.

Não haverá harmonia entre os homens enquanto a grandeza desprezar a sua base, da mesma maneira que nenhuma montanha poderá levantar-se aos céus se não dispuser dos milhões de grãos de areia que a sustentam e a alargam no alicerce.

Retire-se a base da montanha e ela não se sustentará, altaneira, beijando o firmamento.

Do mesmo modo que os adversários da saúde não são os grandes predadores que jaulas e correntes fortes prendem.

Pequenas bactérias e um exército de vírus se ocupam de invadir o perímetro do corpo físico para atacar as pequenas células a fim de instalarem-se na intimidade dos órgãos e, nessa luta de pequenos, produzir a derrocada do complexo biológico.

Não se trata de cultuar o retrocesso ou o atraso contra realizações de vulto que apontam para a grandeza da capacidade do homem.

No entanto, significa valorizar a base sobre a qual se assentam todas as grandes conquistas da criatura, a partir dela mesma.

Compreender que nada há que seja desprezível na Terra é entender a relatividade de todas as coisas, a começar da humana fragilidade diante da grandeza de tudo.

Com base nas unidades, a criação ampliou o seu conjunto elaborado de maravilhas, acendeu estrelas, povoou espaços vazios com mundos e sistemas, sem deixar de usar o mais modesto dos "tijolos" conhecidos na ciência, o mais simples de todos os simples elementos químicos conhecidos pelo homem: o HIDROGÊNIO.

Não é o volume que importa na ordem das coisas da vida. O mais importante é a capacidade das pequenas coisas de construírem as grandes realizações, ocultando-se nelas de maneira modesta.

Saber reconhecer a grandeza da pequenez significa estarmos preparados para divisar a potencialidade de cada vida na esfera do desenvolvimento do nosso mundo, sem desprezar a ninguém nem desdenhar das menores oportunidades.

E se tudo o que é relevante parte da união do que é simples, pode-se afirmar que o pequeno é maior que o grande, já que este não existiria sem aquele.

Não há empresa sem operário, ainda que exista operário sem empresa.

Não há governante sem povo, ainda que possa haver povo sem governo.

Não há montanha sem grãos de areia, ainda que estes existam sem aquela.

Por isso, não nos esqueçamos das pequeninas coisas que são a estrutura fundamental das grandes realizações.

O modesto prato de comida pode ser o embrião de uma grande casa de sopa.

O singelo agasalho que se oferece ao friorento

pode ser, no coração de quem dá, a base de um futuro albergue.

A atenção à criança na rua pode significar o alicerce de uma futura creche que começa a ser modelada na alma.

Porque há muitos que querem construir asilos, orfanatos ou casas de sopa, mas que não suportam velhos, não têm paciência com qualquer criança nem são capazes de dividir o próprio prato pronto com quem tem fome.

Sem a base, nenhuma montanha cresce para o alto.

Por isso, para a Lei do Universo, o pequeno esforço sincero é mais importante do que a grande realização, eis que a partir daquele se chega a esta. A grande realização jamais será conseguida por si própria.

Jesus ensina isso em muitos trechos de sua vida.

O valor das pequenas coisas. O grão de mostarda, o punhado de sal, a pobre candeia, o valor dos pecadores, a singeleza da pesca, a miséria intelectual dos escolhidos para serem seus seguidores, o contato com os desvalidos e estropiados, a importância dos poucos pães e peixes para alimentar a multidão, a importância de pequeno barco, o valor de uma pequena moeda.

E por isso, escolhemos a passagem de Lucas, 21, 1 a 4:

"Estando Jesus a observar viu os

ricos lançarem suas ofertas no gazofilácio. Viu também certa viúva pobre lançar ali duas pequenas moedas.

E disse: Verdadeiramente vos digo que esta viúva pobre deu mais do que todos.

Porque todos estes deram como oferta daquilo que lhes sobrava.

Esta, porém, da sua pobreza, deu tudo o que possuía....”

25

A FORÇA DA FÉ

A crise dos valores morais da modernidade tem feito com que todos os padrões de segurança e confiança interiores sejam abalados.

Por contingências da evolução de toda a humanidade, o momento atual coloca em crise, na compreensão e nos sentimentos, todos os valores que sempre compuseram a base do bem-viver.

Por dificuldades econômicas, as pessoas questionam até que ponto vale a pena ser honesto.

Por problemas de violência, os seres indagam sobre a validade de matar o próximo.

Por causa da competição, alargam-se os limites éticos para se admitirem como normais condutas sempre tidas como inadequadas ou incorretas.

A luta pela sobrevivência atirou criatura contra criatura, fazendo com que, de dentro de cada uma, a sua real evolução ou atraso espiritual aflore e se revele.

Assim, no ambiente da adversidade se denunciam as tendências positivas ou negativas que, antes, se encontravam travestidas por tênues véus da educação ou das conveniências sociais.

E os que vivem sempre pautando o seu comportamento pelo comportamento dos outros se sentem perdidos entre os conceitos morais tidos como respeitáveis e os modos de ser da maioria.

Por relativizarem seus valores pelos valores alheios, muitas pessoas se sentem confundidas e se admitem coisas que antes não cogitavam.

Daí ser comum, em seu íntimo, mudanças de comportamento e de postura moral, sempre justificadas com base nas atitudes da impessoal e pouco confiável "maioria das pessoas".

Com isso, perde espaço no coração dos Homens o sentimento de bondade, substituído pelo egoístico lema do "cada um por si".

Vêem-se sacrificados os princípios de fraternidade em nome da concorrência que faz devorarem-se uns aos outros.

A relação reta do ser humano com a verdade é sacrificada em nome de se conseguir enganar mais pessoas para se vender mais o próprio peixe.

A ligação com Deus passou a ser um processo negocial em que se busca um sócio para suportar o prejuízo, mas do qual se esquece no momento de contabilizar os lucros do negócio.

Ser honesto e íntegro é algo que ficou fora de moda e que qualifica de tolo no conceito dos outros aquele que se mantém por esses padrões.

Todavia, apesar de todas estas reações contraditórias e que caminham no sentido contrário do crescimento moral, todas estas coisas estão ocorrendo como deveriam ocorrer, já que o grande teste a que está submetida a humanidade é o de cada um se apresentar por fora como, efetivamente, é por dentro.

Na busca pelo sucesso, pelo realce, pela prosperidade material, proliferam a pouca ou nenhuma roupa, os programas apelativos, as séries televisivas de baixo teor moral, veiculando mensagens de permissividade e libertinagem.

Mais e mais os aparentemente vitoriosos mostram à multidão dos quase derrotados um falso caminho para conseguirem o mesmo sucesso que eles: romperem com os padrões elevados e sérios dos princípios universalmente válidos e aconselhados pela sabedoria de todos os tempos.

Apesar de tudo isso, a todos está aberto o oceano da vida repleto de tempestades as quais as pessoas, que se esforçam por fazer parte dessa tola maioria, não têm recursos para enfrentar.

São passageiros do luxuoso transatlântico dos prazeres fáceis, mas que não aprenderam a nadar na hora do naufrágio.

E todos os navios afundam um dia, levando para o fundo a eufórica e descabeçada "maioria das pessoas".

Quando as dúvidas atingem o patamar da fé que liga o ser ao Criador, fragilizando essa ligação e tornando-a tênue ou claudicante, o Homem perde a base sustentação de seu caminho.

Sem tempo para sentir a fonte de todos os recursos e a origem de toda a sua força, as pessoas que assim se permitem ficar, cortam o fio de ligação com a usina de abastecimento acreditando poderem se manter apenas com os parcos recursos de sua bateria pessoal.

Em face de tais problemas, a busca de compreensão da vida, de explicação sobre os problemas humanos, a maturidade do senso moral , tudo isso permanece isolado em uma zona de indiferença e vazio.

Em vão, nas horas difíceis, os homens entrarão nas construções de pedra conhecidas como igrejas.

Lá não encontrarão Deus nem as respostas que buscam.

Iludidas por si mesmas, participarão de rituais cerimoniosos como se, na hora do desespero do afundamento de sua nau, falando algumas palavras mágicas, pudessem aprender a nadar de um minuto para outro.

E sequer lhes servirá o simulacro de crença que ostentaram durante a vida, essa conduta superficial que os fazia pertencer à maioria dos indiferentes e falsos religiosos, qualificados de praticantes ou não praticantes por irem ou não irem à cerimônias ou a templos, periodicamente.

A força da fé não se conseguirá por obra e graça de manifestações improvisadas de:

"bon vivant" em desespero,

de boêmios, subitamente arrependidos,

de gozadores, de consciência culpada,

de beberrões inveterados, que a desgraça iminente tornou sóbrios,

de viciados hipócritas, convertidos à lucidez por força de tragédias,

de indiferentes, agora convencidos pelo desespero de morrerem,

de falsos beatos de todos os credos que, à sombra do altar, vilipendiavam cofres e corpos alheios no exercício de suas tendências e fraquezas e que se arrependem na hora do desafio doloroso,

de pseudo-caridosos, que convertiam em caridade o lixo que não lhes prestava mais,

de religiosos, que guardam escrituras na ponta da língua, mas longe do coração e dos atos, ainda que recitem todos os livros santos de memória na hora do testemunho amargo,

de egoístas e matreiros, sempre prontos a ferir, agora convertidos em santas criaturas por medo de serem tragados pelo vendaval, de ricos pródigos nos caprichos e avarentos na caridade, agora transformados em benfeitores por medo de pagarem as contas devidas.

A todos estes trêmulos seres que o desespero deu falsa aparência de conversão, não lhes será possível entenderem e aproveitarem a Força da Fé.

Esta é fruto de um longo exercício, diário e metódico, no qual o espírito se foi preparando para as adversidades pequeninas, colocando em prática os poderes íntimos de sua alma, em ligação com a fonte perene das energias verdadeiras.

Os que aproveitarão da Força da Fé são aqueles que, em nome da Verdade, abdicaram das conveniências da maioria, dos conceitos agradáveis que os outros pudessem fazer a seu respeito, do buscar frenético de coisas inúteis, do constante incensamento das realidades do corpo.

São aqueles que eram ridicularizados pela maioria como tolos, como perdedores, considerados desdenhosamente como criaturas sem realce ou importância.

É aquele que se aproximou das verdades do Evangelho e delas extraiu mais do aquilo que a letra apontava, sentindo a sua essência e compreendendo a importância que suas mensagens possuem na vida pessoal daquele que a conhece.

E, mais do que simples religioso, aceitou ser um fiel cumpridor dos ditames da Boa Nova, compreendendo a necessidade de enfrentar a porta estreita, de carregar a própria cruz, de edificar os tesouros no céu, de deixar os mortos enterrarem seus mortos, de perdoar setenta vezes sete, de não ferir com a espada, de oferecer a outra face, de ser o bom samaritano, de não julgar condenando os outros, de amar os inimigos, transformando todas estas coisas em atitudes, em gestos, em condutas materializadas na vida de todos os dias.

Por isso, poderá sentir na hora da desdita maior as forças que a fé já lhe propicia desde muitos tempos, no exercício da dedicação e pela fortaleza na Verdade.

Os que não se conduzirem assim, serão débeis caniços que a força da brisa vai dobrar e só saberão chorar e lamentar.

Desejarão comprar os privilégios da fé e da consolação pela força de seu ouro, pela entrega de seu corpo, pelo convite para partilhar o poderio que detém, pelo oferecimento de seus bens materiais, num negócio inútil e impossível de ser realizado.

Tudo em vão!

Aos que desejarem obter os benefícios que a força da fé confere, basta escutar o que Jesus ensina em Lucas, 6, 46 a 48:

"Por que me chamais: Senhor! Senhor! ... E não fazeis o que digo?

Todo aquele que vem a mim e ouve as minhas palavras e as pratica, vou mostrar-vos a quem se assemelha:

É semelhante a um homem que, ao

edificar uma casa cavou fundo e colocou o fundamento sobre a rocha. Quando veio uma inundação, a enxurrada embateu contra a casa e não a conseguiu abalar, porque estava edificada sobre a rocha.

Porém, aquele que ouve e não pratica, é semelhante a um homem que edificou a casa na superfície, sem fundamento. Embateu-se a enxurrada contra ela, que sem demora cai, e foi grande o estrago dessa casa."

26

JESUS NO TEU CAMINHO

Escuta, leitor querido, o Divino Chamado, como Jesus nos legou na parábola dos dois filhos, contada em Mateus, 21, 28 a 32:

"Um homem tinha dois filhos.

Chegando-se ao primeiro disse:

Filho, vai hoje trabalhar na vinha.

Ele respondeu: Sim, Senhor; porém não foi.

Dirigindo-se ao segundo, disse-lhe a mesma coisa.

Mas este respondeu:

Não quero.

Depois, arrependido, foi.

Qual dos dois fez a vontade do pai?

Disseram os que o escutavam: o segundo.

Declarou-lhes Jesus: Em verdade vos digo que publicanos e meretrizes vos precedem no reino de Deus. Porque veio João (o Batista) a vós outros no caminho da Justiça e não acreditastes nele; ao passo que publicanos e meretrizes creram."

Assim, irmão amado, não te olvides de que teus passos estão revestidos pelo Amor Daquele que a todos conhece e que não se cansa nunca de servir, nos ensinando a suportar as dificuldades com fé em Deus e vontade de vencer.

Que nunca há somente portas fechadas no caminho dos que andam em busca.

Que sempre haverá a lição certa para a ignorância tornar-se esclarecida.

E, acima de tudo, que depende muito de ti fazer a tua parte, pois a parte de Deus, o Cristo de todos nós já está realizando desde muitos milênios.

E se tua jornada te parece:

Amarga e solitária,

Dura e confusa,

Triste e abatida,

Sem rumo ou destino,

Sem consolação ou esperança,

Olha ao teu redor e sai de ti mesmo.

Bem perto de ti, teu coração encontrará o que procuras.

Que Jesus não seja figura de alegoria carnavalesca em tua vida.

Que acreditar na Sua Verdade faça um outro sentido em tua trajetória e que por mais demorada possa parecer a solução de teus problemas, não te esqueças de que as coisas estão à tua frente, não para te derrotarem, mas para te fazerem melhor e mais forte.

Como se pode vencer o que parece impossível de superar? – perguntas, aflito.

E a vida te responde, lembrando-te de que não estás sozinho e que as forças do Bem estão ao teu redor.

Entregar-te ao desânimo será deixar-se morrer de fome diante do banquete, por falta de vontade de estender a mão até o alimento.

Entregar-te ao medo, será abdicar da força férrea que está à tua disposição, temendo o escuro, sem acender a lâmpada que carregas em teus braços.

Aceitar as imposições do desespero será descrer de ti próprio mais do que dos outros e lamentar-se de uma enfermidade cuja medicação está na cabeceira de teu leito, esperando ser ingerida.

Estende a mão ao alimento,

Acende a lâmpada,

Bebe o remédio.

Faze a tua parte sem te esqueceres que, acima de tudo e para todos os perigos da estrada,

JESUS ESTÁ NO TEU CAMINHO!

ACREDITA NO CRISTO QUE ESTÁ NA TUA ESTRADA.

FAZE O QUE ELE PEDE!

Com amor e gratidão,

Públio.

Campinas, 03/10/2002